인생 대질문

Ask It

Originally published in English under the title:
Ask It by Andy Stanley
© 2004, 2014 by Andy Stanley
Published by Multnomah Books
an imprint of The Crown Publishing Group
a division of Penguin Random House LLC
10807 New Allegiance Dr., Ste. 500 Colorado Springs, Colorado 80921 USA
Revised and updated from The Best Question Ever

International rights contracted through: Gospel Literature International
P.O. Box 4060, Ontario, California 91761-1003 USA

This translation published by arrangement with Multnomah Books, an imprint of The Crown Publishing Group, a division of Penguin Random House LLC

All rights reserved.

This Korean Edition © 2016 by Timothy Publishing House, Inc., Seoul, Republic of Korea

이 한국어판의 저작권은 Glint 에이전시를 통하여 Multnomah Books와 독점 계약한 (주)도서출판 디모데에 있습니다. 신 저작권법에 의하여 한국 내에서 보호받는 저작물이므로 무단 전재와 무단 복제를 금합니다.

인생 대질문

1쇄 발행	2006년 2월 17일
2쇄 발행	2010년 5월 10일
개정판 1쇄 발행	2016년 9월 20일

지은이	앤디 스탠리
옮긴이	윤종석
펴낸이	고종율

펴낸곳	주)도서출판 디모데 〈파이디온선교회 출판 사역 기관〉
등록	2005년 6월 16일 제 319-2005-24호
주소	서울특별시 서초구 서초대로 141-25(방배동, 세일빌딩)
전화	마케팅실 070) 4018-4141
팩스	마케팅실 031) 902-7795
홈페이지	www.timothybook.com

값 13,000원
ISBN 978-89-388-1604-7 03230
ⓒ 주) 도서출판 디모데 2016 〈Printed in Korea〉

인생 대질문

인생의 중요한 결정 앞에서 **우리가 반드시 해야 할 질문**

앤디 스탠리 지음 ― 윤종석 옮김

이 책을 래니 도노호(Lanny Donoho)에게 바친다.
솔로몬의 말처럼 형제보다 더 가까운 친구가 있는 법이다.
내게 그런 친구가 되어준 래니에게 감사의 마음을 전한다.
고맙네, 래니!

차례

들어가는 말 _9

1부 ■ 중요한 질문

1장 바보들의 행진 _17
2장 가장 거북한 질문 _23
3장 위험한 비탈길 _29
4장 문화 기상도 _39
5장 방파제 쌓기 _49
6장 계절을 살피는 지혜 _59
7장 앞을 내다보며 _65

2부 ■ 위험한 대안들

8장 질문을 외면하다 _79
9장 돌아서라 _89

3부 ■ 시간의 문제

10장 시간 도둑 _97
11장 살면서 배운다 _109

4부 ■ 도덕성의 문제

12장 초보자를 위한 섹스 _121
13장 백미러에 비친 모습 _129
14장 인생의 순리 _139
15장 극단적 조치 _147
16장 피하라! _157

5부 ■ 물어보는 지혜

17장 숨바꼭질 _169
18장 무엇을 모르는지 알라 _175
19장 내가 내리는 결정이 나만의
　　 문제가 아닌 이유 _183
20장 듣고 배우라 _189

6부 ■ 인생 최고의 결정

21장 확실한 마무리 _203
22장 지혜의 근본 _211

나오는 말 _221
스터디 가이드 _223

들어가는 말

미리
알았더라면…

당신의 눈 속에 큼직한 물음표가 보인다.

물론 꼭 그런 건 아니다. 너무 멀어서 실제로는 볼 수 없다. 하지만 분명히 있을 것이다. 우리 대부분은 거의 언제나 삶에 관한 몇 가지 큰 질문을 저울질하고 있다. 그리고 늘 새로운 질문에 부딪힌다.

남아 있을 것인가, 떠날 것인가?

이 남자(여자)가 내 짝일까?

이것을 사야 하나? 저것을 팔아야 하나? 이 일을 시작해야 하나? 저 일을 그만두어야 하나? 여기에 투자해야 하나? 저기에 헌신해야 하나?

내가 아는 한 가지 질문이 있는데, 이 질문을 활용하면 나머지 모든 질문의 답을 정하기가 쉬워진다.

이 질문은 평생에 걸쳐 인생의 각 시기마다 모든 사람이 부딪히는 거의 모든 일에 답이 된다. 결정을 내려야 할 일마다 명료한 사고와 새로운 통찰을 가져다준다. 스스로를 속이는 안개를 꿰뚫으며, 논리를 흐려놓는 모든 회색 지대를 없애준다. 이 질문은 우리를 단순한 옳고 그름 너머로, 단지 합법적인 수준 너머로, 최소의 공통분모 너머로 데려간다.

우리가 자신에게 솔직해진다면 하나님은 우리 삶의 가장 깊은 부분들에 이 질문을 적용하여 우리를 가장 충만한 잠재력의 자리로 인도하실 것이다.

그뿐 아니라 이 질문은 답도 아주 쉽다. 대부분은 답을 금방 알게 되어 있다.

뒤를 돌아보며

이 질문은 당신의 많은 시간, 많은 돈, 많은 스트레스, 더 중요하게는 많은 눈물을 덜어줄 것이다. 이렇게까지 말할 수 있다.

당신이 이 질문을 던져 그 결론대로만 행동했어도 삶에서 가장 후회되는 일을 피할 수 있었을 것이다.

후회되는 일이 하나의 행동이나 사건이든 아니면 인생의 어느 한 시기를 몽땅 다시 살고 싶든, 가능한 대안들을 이 강력한 질문의 렌즈를 통해 평가해보았다면 당신을 지속적으로 가장 고통스럽게 하는 그 일을 피할 수 있었을 것이다.

책을 읽어나가는 동안 당신은 이 하나의 질문이 당신 삶의 궤도 전체를 바꿔놓았을 수도 있음을 깨닫게 될 것이다.

나도 날마다 이 질문을 던진다. 이 질문은 20대 후반의 미혼 시절에 내 길잡이가 되어주었고, 26년의 복된 결혼생활 동안 나를 충실히 섬겨주었다. 우리 세 자녀에게도 나는 어떤 선택들에 부딪힐 때마다 이 질문을 던지라고 가르쳤다. 아이들도 이 질문이 우리 가정의 모든 결정을 평가하는 렌즈임을 알기에 그대로 받아들였다.

30년이 넘도록 나는 수많은 청소년에게 이 원리를 가르칠 기회가 있었다. 지금은 어른이 되어 자녀를 둔 사람들도 많다. 많은 편지와 이메일과 대화를 통해 확인되는 바이지만, 이 중대한 질문은 이들 숱한 젊은 성인들에게 지금도 계속해서 결정의 순간에 필터 역할을 하고 있다.

성인들에게 이 소중한 질문을 전하면 반응은 거의 언제나 똑같다. "진작 들었더라면 좋았을 것을." 바꿔 말하면 이렇다. "미리 알았으면 후회할 일을 피할 수 있었을 텐데."

이 질문은 당신이 취할 수 있는 여러 대안을 평가하는 렌즈다. 사안의 실상을 밝히 보여주는 필터다. 모든 선택에 있어 전후 문맥을 입혀주는 틀이다. 이 질문은 당신의 애정 관계, 직업, 재정, 가정, 스케줄 등 그야말로 모든 일에 새로운 시각을 더해줄 것이다. 이 질문은 성경에 구체적으로 명시되지 않은 문제들에 빛을 비춰줄 것이다.

그러나 이 질문을 던지기가 늘 쉽지만은 않다. 때로는 다소 위협적으로 느껴질 수도 있다. 이 질문 앞에 서면 우리의 중심과 동기가 밝히 드러나기 때문이다. 하지만 그래서 더 혁신적인 질문인 것이다.

앞을 내다보며

이 책은 총 6부로 나뉘어 있다.

1부에서는 문제의 그 질문을 만나게 된다. 3장에 가서야 질문에 이르게 되니 인내하기 바란다.

2부에서는 우리의 중대한 질문을 외면하는 다른 흔한 (그리고 위험한) 대안들을 몇 가지 살펴볼 것이다.

3부부터 4부까지는 우리의 질문을 인생의 두 핵심 분야인 시간과 관계에 적용하는 부분이다.

이어 5부에서는 세상 모든 최고의 결정자들이 알고 있는 비밀 하나를 당신에게 소개하려 한다.

그리고 마지막 6부에서는 이 질문에서 최고의 유익을 얻어낼 수 있는 결정을 내리도록 당신에게 도전할 것이다.

이 소중한 질문의 배후 원리는 내 결정에, 그리하여 내 삶에 그 무엇보다도 큰 영향을 미쳤다. 내게 이것은 그저 또 하나의 책이 아니라 생명의 메시지다. 이 내용은 간단히 시리즈 설교를 풀어낸 것이 아니라 내 인생 여정에서 길어 올린 것이다.

당신이 이 책을 즐기게 되기를 바란다. 더 중요하게, 이 강력한 질문이 당신의 모든 결정 과정에 영원히 한 일부로 자리잡기를 바란다. 용기를 내서 묻기만 한다면, 하늘 아버지께서 이 단순한 질문을 사용하여 당신의 앞날을 인도하고 보호하실 것이다. 그리고 이 질문이 가져다주는 중대한 변화를 체험하면 당신도 과연 이것이 평생 늘 던지고 싶은 질문이라는 데 동의하게 될 것이다.

1부

중요한 질문

1장.
바보들의 행진

공통분모를 찾아서

당신과 나는 공통분모가 있다. 당신도 나도 정말 바보 같은 짓을 해보았다. 아무도 몰랐으면 하는 짓. 기억에서 지우고 싶은 짓. 우리는 돈을 써놓고 후회하고, 차를 사놓고 후회하고, 투자를 해놓고 후회한다. 그 초청을 수락하지 말았어야 한다고, 그 관계를 멀리했어야 한다고, 그 직장에 들어가지 말았어야 한다고, 그 동업을 하지 말았어야 한다고, 그 전화에 답하지 말았어야 한다고, 그 계약서에 서명하지 말았어야 한다고 후회한다.

당신도 나와 같다면 뒤돌아보며 희한해할 따름이다. "내가 어쩌면 그렇게 바보같을 수 있었나? 그렇게 눈멀고 미련할 수 있었나?" 우리는 더 잘 알았어야 한다. 어떤 경우에는 정말 더 잘 알면서도, 왠지 비운이 비켜가려니, 나만은 법칙에서 예외가 되려니 생각했다. 상식(그리고 친구 한두 명의 말)에도 불구하고 우리는 내 결정의 결과를 내가 통제할 수 있다고 믿었다. 그래서 우리는 내 감정을 믿고 내 기분에 따라 내 멋대로 했다. 그럼에도 그때 내가 도대체 무슨 생각을 하고 있었는지 이제 와서야 신기해한다.

당신도 대다수 사람과 같다면, 후회스런 결정을 내린 적이 있고 그 결과로 후회스런 삶의 시기를 보내야 했다. 엉터리 조언을 듣고 주식을 고른 것도 문제지만, 신중을 기하지 않고 배우자를 고른 것은 더 큰 문제다. 고작 2만5천 원짜리 물건을 사놓고는 이자까지 네 배로 갚는 것도 황당한 일이지만, 신용카드 빚 2천5백만 원은 당신을 파멸로 몰아갈 수 있다.

우리가 내린 잘못된 결정 가운데는 그저 황당한 것도 있지만 상처를 남기는 것도 있다.

지금은 분명하게 보이지만 그때는 분명하지 않았다. 그리고 지금 우리에게 분명한 것이 주변 모든 사람에게는 별로 분명하지 않을 수 있다. 당신이 그 나이 때 내렸던 미련한 결정을 지금 내리려 하고 있는 사람을 당신도 만나본 적이 있을 것이다. 그리고 나처럼 당신도, 상대가 당신의 슬픈 사연을 듣기만 한다면 자신의 인생을 바꿔줄 그 고견에 대해 당신에게 무릎 꿇고 감사할 것만 같았다. 그가 자신의 잘못된 길을 떨치고 즉각 방향을 돌려 결혼 약속을 파기하거나, 현금으로 지불하거나, 계약서를 찢거나, 동업을 정리하거나, 술집을 팔거나, 학교에 남아 있거나 등등 할 것만 같았다.

그러나 아니다. 대신 그는 우리의 신세타령을 겨우 듣고는 원치 않은 충고에 감사한 후, 달려오는 열차 속으로 그대로 전력 질주한다. 그러면 우리는 뒤돌아보며 궁금해한다. "나도 저렇게 무식했단 말인가? 저렇게 고집스럽고 미련했단 말인가?"

그랬다.

부실한 계획

우리가 아는 사람들이 — 이것에 관해서라면 모르는 사람들도 마찬가지지만 — 어리석은 결정을 내리는 것을 지켜보노라면, 마치 그들이 전략적으로 자기 인생을 망치기로 작정하고 나선 것 같다.

사실, 엉뚱한 사람과 결혼하려면 많은 계획이 따른다. 불행한 결혼도 포함하여 모든 결혼은 우연한 일이 아니다. 불운한 동업 관계를 맺거나, 성공 가망성이 전혀 없는 사업을 벌이는

데 들어가는 시간과 에너지를 생각해보라. 능력도 안 되는 집을 사거나, 결국 유지하지도 못할 차를 임대하거나, 상환할 수 없는 융자금을 신청하느라 힘들여 거쳐야 하는 모든 서류 작업을 생각해보라.

이렇게 자신의 삶과 잠재력과 돈을 치밀하게 날리는 사람들을 숱하게 목격하면서 나는 이런 결론을 내렸다. 인생을 망치기로 계획하는 사람은 아무도 없지만, 망치지 않기로 계획하는 사람도 별로 없다는 것이 문제다. 다시 말해, 우리는 확실한 해피엔딩을 위해 꼭 필요한 대책을 세우지 않는다.

결혼생활을 망치기로 작정하는 사람도 없지만, '백년해로'를 보장해줄 대책을 세우는 사람도 거의 없다.

계획적으로 자식을 무책임하고 의존적인 사람으로 키우는 사람은 없지만, 많은 부모에게 그 반대의 계획도 없음을 우리 사회가 여실히 보여준다.

중독을 계획하는 사람은 없지만 중독은 현실이다. 그것은 그에 맞설 대책이 없기 때문이다.

나는 신용카드 빚더미에 파묻혀 살기로 작정한 사람은 아직 만나보지 못했지만, 그 반대 계획이 없는 사람들은 많이 보았다.

부실한 계획 때문에 우리는 자신이 전혀 원치 않는 자리에 이르게 된다. 그리고 일단 거기에 이르면 이런 의문이 든다. "나한테 어쩌다 이런 일이 생겼지?"

인생 대질문에 답이 있다.

나아가, 인생 대질문은 당신의 잠재력과 기회와 미래를 앗아가는 상황이나 처지에 아예 처음부터 발을 들여놓지 않게 해준다.

2장.

가장
거북한
질문

그리고 그 질문을 던질 수 있는 용기

스물다섯 살 때 만난 성경 말씀 세 구절이 일을 결정하는 내 방식을 완전히 바꿔놓았다. 어느새 내게는 모든 기회와 초청과 관계—부탁받는 모든 일, 가담하고 싶은 모든 일—를 평가할 새로운 필터가 생겼다. 나는 내 인생 전체를 이 새로운 틀로 보기 시작했는데, 그것은 하나의 단순한 질문으로 귀결되었다.

내가 이것을 인생 대질문이라 생각하는 이유는 당신 인생의 어느 한 부분이라도 잘못되지 않게 해줄 잠재력이 그 안에 있기 때문이다. 이 질문은 당신의 애정 관계, 직업, 재정, 가정, 스케줄 등 그야말로 모든 것에 새로운 시각을 더해줄 것이다. 인생 대질문은 성경에 구체적으로 명시되지 않은 문제들에 빛을 비추어준다. 도덕적, 관계적, 윤리적으로 어디에 선을 그어야 하는지에 관한 문제에 답할 때, 인생 대질문은 그 전후 문맥이 되어준다. 어둠을 꿰뚫는 빛처럼 이 강력한 질문은 당신의 수많은 결정을 휘감고 있는 안개를 뚫고 들어가 분명히 보게 해준다.

그러나 곧 보겠지만, 이 질문을 던지기란 쉽지 않다. 말이 어려워서가 아니다. 이 질문 앞에 서면 당신의 중심과 동기가 밝히 드러나기 때문에 어쨌든 쉬운 질문이 아니다. 마치 햇빛이 밝은 날, 컴컴한 건물 안에 있다가 나오는 것과 같다. 이 질문에는 이미 눈이 익숙해져 있는 어둠 속으로 도로 들어가고 싶게 만드는 뭔가가 있다. 맨눈에 쏘이는 직사광선처럼 이 질문은 굉장히 거북할 수 있다.

이유는 이렇다.

자기기만의 예술

당신과 나는 이따금 바보 같은 결정을 내리는 것 말고도 공통점이 또 있다. 우리는 자신을 속이는 데 능하다. 정말 능하다.

자기기만은 내게 자연스런 현상이다. 잘못된 결정을 훌륭한 결정처럼 보이게 돌려서 말하는 일은 내게는 식은 죽 먹기다. 나는 재정상의 형편없는 선택을 투자의 호기(好機)처럼 말할 수 있다. 나는 관계상의 형편없는 결정을 사역의 기회처럼 부풀렸다. "나도 휴식이 필요하다"는 구실로 수없이 운동을 빼먹었다. 마치 아이스크림이 삶의 질을 높여주기나 한다는 듯 "누구나 약간은 삶이 필요하다"는 말로 큰 통의 아이스크림을 합리화했다. 당장은 중요해 보여도 전혀 누적 가치가 없는 온갖 일들을 하느라 엄청난 시간을 허비했다. 그리고 시간만 있다면 나는 내 미련함을 지지해줄 성경 구절까지 한두 개 찾을 수 있다.

모든 종류의 중독은 비슷한 자기기만으로 시작된다.

"누가 다치는 것도 아니잖아."

"딱 한 번인데 뭐."

"일주일 동안 끊고 살았다고."

"조심하면 되지."

"내가 알아서 해."

"난 마음만 먹으면 언제든지 끊을 수 있어."

어디서 듣던 말 같은가? 굳이 지난 주까지 가지 않더라도, 당신 스스로 빠져든 잘못된 결정이 한두 가지는 나올 것이다. 지금은 후회막급인 선택도 처음에는 좋은 선택이라고 스스로 타일렀을 것이다. 그러나 사실 당신은 자신을 강탈하고 있었다. 그 잘못된 결정 때문에 결국 당신은 관계적으로, 재정적으로, 어쩌면 영적으로까지 대가를 치러야 했다.

  이상한 것은, 대부분 경우 우리가 우리 자신의 장난을 훤히 알고 있다는 것이다. 애당초 이유나 구실을 대야 한다는 사실 자체부터가 수상하다. 생각해보라. 매일 적당량의 야채 섭취가 좋은 일이라는 것은 굳이 머릿속으로 장황하게 자신을 설득하지 않아도 된다. 운동을 하고, 돈을 절약하고, 해로운 사람들을 피해야 하는 이유라면 당신에게 전혀 합리화가 필요 없다. 그냥 안다. 우리는 한가하게 앉아 옳은 일의 이유를 찾지 않는다. 오히려 그릇된 결정을 내리기 위해 훨씬 더 창의적으로 머리를 굴린다.

눈금 읽기

인생 대질문을 던지기가 그토록 거북한 것은 바로 인간의 이러한 자기기만이라는 습성 때문이다. 이 질문 앞에서 우리가 하는 변명의 불합리성이 드러난다. 우리의 본심이 밝혀진다. 걸핏하면 숨어드는 합리화의 벽이 뚫린다. 진리를 밀쳐내려고 늘어놓는 우리의 논리가 허물어진다.

  당신이 정말 옳은 길을 갈 생각이라면 문제없다. 그러나 옳은 결정을 내리려 하기보다 결정이 옳아 보이게 만들려 할 때는 이 작은 질문이 귀찮을 수 있다. 그럴 때는, 눈을 밝혀주어야 할 인생 대질문이 오히려 우리의 심기를 건드릴 수 있다. 그렇기 때문에, 인생 대질문에 대한 당신의 감정적인 반응을 예의 주시하는 것이 아주 중요하다. 이 역동적인 작은 질문에 대한 당신의 반응은 당신 자신에 대해 많은 것을 말해준다. 그야말로 당신이 놓칠 수 없는 교훈이다.

3장. 위험한 비탈길

왜 모두 그리로 가는가?

지금부터 내 결정 방식을 영원히 바꾸어놓은 성경 구절을 소개하려 한다. 그것은 1세기에 사도 바울이 에베소라는 도시에 살고 있던 그리스도인들에게 보낸 편지에 나온다. 알다시피 그것을 에베소서라 한다.

편지는 우선, 하나님의 가정에 입양된 결과로 주어진 신자들의 새로운 정체성부터 장엄하게 환기시킨다. 첫 석 장에서 저자 바울은 '그리스도 안에' 있음으로 누리는 모든 혜택을 설명한다. 그러다 4장부터 주제가 바뀐다.

편지 후반부는 이런 당부로 시작된다. "내가 너희를 권하노니 너희가 부르심을 받은 일에 합당하게 행하여"(엡 4:1). 표현을 바꾸어보면, 하나님이 이미 너희 안에 이루신 변화에 어울리게 살라는 말이다. 또는 내 친구가 좋아하는 이런 표현도 있다. "이전에 살던 대로 살지 마라. 너는 이전의 그 사람이 아니니까."

거기서부터 바울은 성경에서 가장 실제적인 대목 중 하나로 들어간다. 섹스, 결혼, 술 등 그야말로 없는 이야기가 없다. 어떤 말과 생각, 심지어 어떤 웃음이 가한가에 대한 교훈도 나온다. 전체적으로 어조가 빈틈없고, 강하며, 솔직히 말해 약간 벅차게 느껴진다.

간단한 지렛대

바울은 우리에게 하나님을 본받는 자가 되라고까지 말한다. 내 본능적인 반응은 이렇다. "잘도 되겠다. 살아 있는 동안에는 어림없지."

바울이 열거한 높은 기준들이 추구할 가치가 없어서가 아니다. 다만, 나는 나를 안다. 나는 그만큼 선하지도, 그만큼 꾸준하지도, 그만큼 훈련되어 있지도 못하다. 게다가 바울이 열거한 내용은 거의 다 문화적 시류를 정면으로 역행한다. 그러니 말이야 바른 말이지, 바깥 현실 세계에서 나는 아무런 지지도 얻지 못할 것이다.

에베소서 4장과 5장을 직접 읽어보라. 가치와 덕목을 열거하는 환상적인 목록이다. 부모들이 늘 자녀들에게 설교하는 그런 내용이다. 하지만 현실성이 있을까? 누구든 정말 해낼 수 있을까? 언뜻 보기에는 아니다.

다행히 바울도 독자들의 좌절을 예상하고 있다. 그래서 그는 위압감을 주는 실천 사항 목록에 요긴한 방법론을 덧붙인다. 구체적으로, 삶에 임하는 하나의 방식을 밝힌 것이다. 이것을 수용하면 그가 열거한 가치대로 살아가려는 우리에게 성공의 기반이 닦이는 셈이다. 인생 대질문은 바로 이 짧고 강력한 교훈에서 온 것이다.

바울은 이렇게 쓰고 있다.

"그런즉 너희가 어떻게 행할지를 자세히 주의하여 지혜 없는 자 같이 하지 말고 오직 지혜 있는 자 같이 하여 세월을 아끼라 때가 악하니라 그러므로 어리석은 자가 되지 말고 오직 주의 뜻이 무엇인가 이해하라"(엡 5:15-17).

인생을 바꾸어놓을 만한 말 아닌가?
아니라고 생각하는가? 그렇다면 내용을 자세히 살펴보자.

바울의 말은 중요한 접속사로 시작된다. 깊은 의미가 함축된 단어다.

"그런즉"

나의 존경하는 스승은 "그런즉"이 나올 때마다 '무엇이 어떤 즉?' 하고 물어야 한다고 말하시곤 했다. 이 경우, "그런즉"은 바울이 명한 우리의 모든 본분과 그렇게 사는 방법의 설명을 서로 이어준다. 마치 이런 말이나 같다. "내가 제시한 가치와 실천이 벅차 보일지 모르나 너희가 그것을 수용하고자 한다면, 그 기준대로 산다고 상상만 해도 너희 마음이 설렌다면, 전혀 다른 차원의 삶을 원한다면, 그렇다면 이렇게 하면 된다."

그리고 나서 바울은 그리스도의 제자로 살아가기 원하는 우리 모두에게 지렛대 역할을 해줄 하나의 원리를 밝힌다. 때로 까마득해 보이는 기준대로 살려면 그런 지렛대가 필요하다.

"어떻게 행할지를 자세히 주의하여"

뒤집으면, 경솔하게 함부로 행하지 말라는 뜻이다. 다시 말해, 그리스도를 따른다는 것은 대충대충 해도 되는 일이 아니다. 굉장한 주의가 필요한 일이다. 정말 우리가 신약성경이 가르치는 가치대로 살려 한다면 걸음을 잘 살펴야 한다. 얼마나 넘어지기 쉬운지 우리는 경험으로 잘 알고 있지 않은가.

숨 돌릴 겨를도 없이 곧이어 바울은 우리의 모든 선택을 평가하고 판단하는 기준을 밝힌다. 우리가 모든 초청과 기회를 따져볼 틀이 이 짧은 말 속에 있다. 여기 우리의 재정적, 관계적, 직업적 결정을 헤아릴 기준과 척도가 있다. 형광펜을 꺼내라.

"지혜 없는 자 같이 하지 말고 오직 지혜 있는 자 같이 하여"

인생 대질문, 가장 중요한 부분에서 성공의 기반이 되어줄 질문, 신약성경의 명령을 꾸준히 적용할 수 있게 해주는 질문은 바로 이것이다.

'무엇이 지혜로운 길인가?'

잠깐, 이것이 어떻게 인생 대질문일 수 있는가? 이 단순 논리식 질문이 어떻게 꾸준히 그리스도와 동행하는 삶의 열쇠일 수 있는가? 이 질문의 위력을 이해하려면, 평소 우리가 여러 대안을 평가하는 방식부터 살펴볼 필요가 있다.

질문부터 잘못되었다

일반적으로 선택을 할 때, 우리는 선택 가능한 여러 대안과 기회를 보다 일반적이고 훨씬 덜 유익한 틀로 거른다. 다소 형태는 달라도 기본적으로 우리가 던지는 질문은 이것이다. '뭐 잘못된 것 있나?'

전제는, 내가 하려는 일에 잘못된 것만 없다면 괜찮다는 것이다. 불법이거나 비윤리적이거나 부도덕하지만 않다면 대안으로 손색없다는 말 아닌가? 성경적으로 말해, '하지 말지니라'만 붙어 있지 않다면 '원한다면 얼마든지 할지니라'의 뜻으로 해석해도 무난하다는 식이다.

불행히도 이런 식의 사고는 또 다른 질문을 부른다. 우리가 거의 입에 담지도 않고 아예 사고의 의식 표면에 떠올리지도 않는 질문이다. 그러나 우리가 솔직하다면, 이 질문이 우리의 선택을 결정짓는 예가 너무 많다. 이런 식이다. "실제로 잘못을 범하지 않으면서 옳고 그름의 경계선에 얼마나 근접할 수 있을까?" 그리스도인 버전은 이렇다. "실제로 죄를 짓지 않으면서 얼마나 죄에 근접할 수 있을까?"

남자는 십대였을 때 누구나 데이트 중 어떤 식으로든 한 번쯤 이 질문을 던졌다. 다이어트 중인 사람은 누구나 날마다 이 질문을 던진다. 변호사들은 고객 대신 이 질문을 던져주고 먹고 살아간다.

하지만 문제는 거기서 끝나지 않는다. 일단 여기까지 왔다면 우리는 불가피하게 또 이렇게 묻게 된다. "대가를 치르지 않고 옳고 그름의 경계선을 얼마나 넘어갈 수 있을까?" 다시 말해, 감당 못할 결과를 전혀 당하지 않고도 나는 얼마나 비윤리적이고 부도덕하고 무감각해질 수 있을까? 문제를 부르지 않고도 내 가정, 재정, 직업적 책임에 얼마 동안이나 소홀할 수 있을까? 경찰한테 걸리지 않고 제한 속도를 얼마나 넘어갈 수 있을까? 실제로 중독되지 않으면서 얼마나 중독 행위를 즐길 수 있을까?

위험한 비탈길이다. 음흉하고 불길하다. 이 모두는 "뭐 잘못된 것 있나?"라는 고상해 보이는 질문으로 아주 순진하게 시작된다. 그러나 결국은 마지막 질문으로 이어진다. 우리도 누구나 한 번쯤 던져본 질문이다. "내가 어쩌다 이 지경이 되었나?"

후회를 피하기

나는 그 질문을 수없이 들었다. 아니, 내 입에서도 같은 질문이 수없이 나왔다. 나처럼 똑똑하고 성경에 해박한 사람이 도대체 어쩌다 그런… 글쎄, 내가 어떤 문제에 빠졌는지는 당신이 알 바 아니다. 당신 이야기나 하자. 아니면 프랭크(Frank)는 어떤가.

프랭크는 내가 여태 만나본 가장 똑똑한 사내 중 하나다. 불행히도, 나와 만났을 즈음 그는 성중독, 파산, 이혼, 자녀 양육권을 두고 벌어진 법적 분쟁의 미로를 헤어나려 애쓰고 있었다. 45분 동안 그는 자기 심경을 토로했다. 부인을 만난 경위를 말했다. 경고 신호가 보였으나 그는 무시했다. 동업자 이야기도 했다. 역시 붉은 깃발이 올라갔으나 그는 그냥 밀고 나갔다. 포르노에 처음 손댔던 일도 이야기했다. 그는 위험을 알았으나 자기만은 예외려니 생각했다.

인생 대질문만 던졌어도 프랭크는 그 모든 잘못된 선택들을 피할 수 있었다. 그의 문제는 지능지수의 문제가 아니었다. 대다수 사람들의 경우처럼 그의 악몽은 자신이 도덕적, 관계적, 직업적 재앙의 난간에서 춤판을 벌이고도 비운을 비켜갈 수 있다는 가정에서 시작되었다. 명백히 '잘못된' 길이 아니면 당연히 '옳은' 것 아닌가.

프랭크는 지금 인생과 결혼을 재건하는 중이다. 요즘은 묻는 질문들이 달라졌다. 상황도 나아졌다. 그러나 그의 시각이 달라졌다 해서 부인과 딸에게 입힌 고통이 지워지는 것은 아니다. 언젠가는 그들의 신뢰가 회복되기를 바랄 뿐이다.

목사로서 나는 억장이 무너지는 사연들을 수도 없이 들었다. 그러나 단순히 인생 대질문만 던졌어도 그들은 내가 들었던 모든 잘못된 결정을 피할 수 있었다. 정말 모든 결정이다. 외도, 중독, 원치 않는 임신, 파산…끝도 없다. 인생 대질문을 제대로 적용했다면 다 피할 수 있었던 일들이다.

교훈은 이것이다. '하지 말지니라'가 붙지 않은 상황이라 해서 반드시 '할지니라'는 뜻은 아니다. 도덕적, 문화적으로 허용되는 것이라도 우리에게 최선의 길이 아닐 때가 많다.

하나님은 좋은 아버지처럼 우리 각자가 가장 잘되기를 원하신다. 그래서 그분은 우리에게 문화적 규범을 뛰어넘는 기준을 주셨다. 그분의 가치대로 살 수 있게 해주는 질문을 주셨다. 그렇게 살 때 우리는 예수님이 말씀하신 풍성한 삶에 이른다(요한복음 10장 10절 참조). 근근이 이어가는 삶이 아니다. 후회의 삶도 아니다. 풍성한 삶이다.

그러나 그분이 주신 질문은 '뭐 잘못된 것 있나?'가 아니다. 질문은 '무엇이 지혜로운 길인가?'이다. 당신의 인생이 잘못되지 않게 하려면 모든 초청, 모든 기회, 모든 관계에 대해 이렇게 물어야 한다.

무엇이 내가 가야 할 지혜로운 길인가?

잠시 당신의 후회막급한 일을 떠올려보라. 되돌아가 원상태로 돌려놓거나 다시 살고 싶은 사건이나 삶의 시기 말이다. 돌이키고 싶은 결정은 무엇인가? 다시 시작하고 싶은 관계는 무엇인가? 인생 대질문을 던지고 적용했다면 당신의 후회를 일부, 혹은 전부 다 피할 수 있었다는 사실이 보이는가?

이 순간 이후 당신은 과거의 실수를 피하고 후회 없는 삶을 살 수 있다. 인생 대질문을 던지는 것을 삶의 습관으로 삼으면 된다.

4장.
문화 기상도

신화에 속지 마라

　　　　　　우리의 하늘 아버지는 우리가 무난한 수준, 허용되는 수준, 합법적 수준, 기소당하지 않을 수준에서 살아가기를 원하신 적이 없다. 그런 삶은 '죄를 짓지 않으면서 얼마나 죄에 근접할 수 있을까?'라는 질문을 삶의 중심으로 삼는 것과 다를 바 없다. 그것이 기준이 되는 것이다.

　대신, 우리는 모든 기회와 초청을 지혜의 렌즈로 분석해야 한다. 모든 선택은 '무엇이 지혜로운 길인가?'라는 인생 대질문으로 시험되어야 한다. 어떻게 살아갈지 자세히 주의하라는 바울의 경고가 바로 그것으로 귀결된다.

　바울 이야기가 나왔으니 말이지만 앞 장에서 우리는 그의 말을 문장 허리에서 잘랐었다. 그러니 그 뒷부분을 계속 살펴보

자. 독자들에게 지혜롭게 행하라고 이른 뒤 그는 계속해서 이렇게 말한다.

"세월을 아끼라 때가 악하니라"

때가 악하다? 불변하는 것이 있는 모양이다. 에베소 유적지에 가면 이방 신전의 이정표로 돌길에 새겨진 남근 상징물들을 지금도 볼 수 있다. 신전은 매음을 통해 운영되었다. 사실, 섹스는 이방 예배 의식에서 빠질 수 없는 부분이었다. 술 취함도 장려되었다. 상상이 가겠지만, 이렇듯 에베소 사람들은 종교적 열성파였다. 아무도 예배에 빠지지 않았다. 단, 무리를 끌어들인 것은 음악이나 설교가 아니었다.

아마도 에베소 그리스도인들 중 더러는 이전 습성에 다시 끌리고 있었던 것 같다. 설교나 듣고 있을 게 뭔가. 할 수 있는 일이…아니다, 그만두자. 어쨌든 그들은 옛 것과 새 것을 섞으려 하고 있었다. 선을 흐릿하게 하려 하고 있었다. 그리고 이미 자기 행동의 결과로 고생하고 있는 사람들도 있었다. 그래서 바울은 이런 경고로 예리하게 정곡을 찌른다.

"부주의는 금물이다! 너희는 도덕적으로 중립적인 환경에 살고 있지 않다. 조심하지 않으면 문화가 너희를, 한 번 건져 올려진 그 어둠 속으로 도로 휩쓸어갈 것이다."

아슬아슬한 졸음운전

우리도 도덕적으로 중립적인 기상(氣象) 속에 살고 있지 않다. 날마다 우리는 호색과 폭식과 탐욕의 문화를 마주 대한다. 끝내 다 채워질 수 없는 욕심들을 물불 가리지 말고 수단껏 채우라고 우리 문화는 가장 도발적인 방식들로 우리를 부추긴다.

악한 때다. 문제를 찾아다녀야 하던 때는 지났다. 문제는 아무 길모퉁이에나 있고, 웬만한 잡지 아무 페이지에나 있다. 문제는 아무 광고판에서나 뚝뚝 떨어진다. 문제는 우리의 텔레비전 화면을 가로지르고, 책상 위 컴퓨터에서 우리를 부른다.

무이자 할부 판매!
주문하시는 영화 제목은 청구서에 표시되지 않습니다.
하나 사시면 공짜로 하나 더!
사상 최저의 주택융자 금리!
30일 간 부담 없이 무료 사용!
여성들이여, 부끄러움을 벗어라!

대부분 미국인은 체중도 초과, 지출도 초과다. 우리는 너무 많이 먹고 너무 많이 쓴다. 온라인 최대 수익 사업은 단연 포르노다. 생각해보라. 미국 남자들은 컴퓨터 스크린으로 여자들 사진을 보느라 해마다 수억 달러를 쓰고 있다. 수억 달러를.

우리는 도덕적으로 중립적인 환경에 살고 있지 않다. 우리가 살고 있는 세상은 우리 집 지하실 문 밖의 풀밭과 아주 비슷하다. 밤마다 나는 우리 집 개 빙고를 그곳에 내놓아 볼일을 보게 한다. '어떻게 행할 것을 자세히 주의하지' 않으면, 밟기 십상이다.

다소 엉뚱한 예지만 요점은 분명하다. 바울 시대의 에베소 교인들처럼 우리도 도덕적, 윤리적으로 위험한 시대를 살고 있다. 때가 악하다. 조심하지 않으면 결국 당신의 부주의에 대한 대가를 치르게 된다. 애써 주의하지 않으면 결국 당신이 늘 단죄하던 악에 본의 아니게 걸려든다. 당신의 선택을 인생 대질문으로 걸러내지 않는다면, 능히 피할 수 있었고 마땅히 피했어야 할 결과에 직면하게 될 것이다.

영혼의 경고음

안다. 이 질문은 우리의 심기를 건드린다. 당신이 몇 년씩 시간과 에너지를 들여 무시해온 것을 당신의 면전에 들이대는 질문인 것이다. 이는 당신 마음의 자명종, 당신 영혼의 경고음과 같다. 심기를 건드리지만 반드시 필요하다. 그러나 얼른 눌러 끄고는 다시 자는 것이 만인의 버릇이다. 그래서 사도 바울은 이렇게 덧붙였을 것이다.

"그러므로 어리석은 자가 되지 말고"

1세기에 구두점이 있었다면 이 말 뒤에 느낌표가 두 개쯤 붙어 있지 않았을까 싶다. "어리석은 자가 되지 말고"는 "바보같이 굴지 마라! 마치 도덕적, 윤리적으로 중립적인 환경 속에 사는 것처럼 착각하지 마라!"를 점잖게 표현한 것이다.

그다음 바울이 우리에게 명하는 것은 언뜻 보면 불가능해 보이는 일이다.

"오직 주의 뜻이 무엇인가 이해하라"

뭔가를 이해하라는 명령이 가능한 일인가? 대학 시절 우리 학교 그리스어 강사는 학생들을 교단 앞으로 불러내 큰소리로 고전을 번역하게 하곤 했다. 그날도 보급판 『일리아드』를 들고 급

우들 앞에 선 나는 내 사설로 공백을 때워가며 트로이 전쟁의 한 대목을 대충 꾸며대고 있었다. 더는 번역이 아니라 그저 기억 속의 이야기를 풀어내고 있음이 분명해지면, 교수는 나를 제지하고는 이렇게 말하곤 했다. "앤디, 그건 읽는 게 아니잖아요." 뜨끔했다.

"맞습니다, 컨츠(Cuntz) 교수님. 번역은 못합니다." 나는 대답하곤 했다.

그녀의 대답은 언제나 똑같았다. "무슨 소리, 할 수 있어요! 자, 어서 번역해봐요."

"정말 못합니다."

"할 수 있다니까요. 어서 번역해요."

우리의 이해 수준이 있는데도 교수님은 우리가 늘 그 이상을 이해해야 한다고 우겼다. 그렇게 우기면 우리의 그리스어 실력이 늘기라도 할 것처럼 말이다. 그런 일은 없었다. 결국 교수님은 우리에게, 그만두고 자리로 돌아가게 했다. 매번 나는 컨츠 교수님이 내 무지를 불쾌하게 여긴다는 느낌이 들었다. 그런데도 이상하게 내가 거기에 신경이 쓰인 적은 없었던 것 같다.

"주의 뜻이 무엇인가 이해하라"는 바울의 권고를 읽을 때마다 나는 우리한테 플라톤을 이해하라고 훈계하던 교수님이 늘 생각난다. 둘 다 시간 낭비처럼 보인다. 운동선수를 독려하여 더 잘하게 할 수는 있어도, 사람을 독려하여 모르는 것을 알게 할 수는 없는 일 아닌가.

그렇다면 바울의 요지는 무엇인가? 왜 그는 "주의 뜻이 무엇인지 찾아내라"든지 "주의 뜻에 순종하라"고 하지 않았을까? 그 둘 중 하나라면 우리도 넘어갈 수 있다. 그런데 왜 하필 이해하라고 했을까?

자신을 직시하라

하나님의 뜻을 '이해하라'는 바울의 명령은 실은 우리 마음속에 이미 알고 있는, 하나님이 우리에게 원하시는 길을 직시하라는 권면이다. 앞서 말했듯 사람들은 자기기만이라는 예술의 달인이다. 그래서 당시의 문법을 이용하여 바울은 책장에서 뛰쳐나와 우리의 옷깃을 잡아 바짝 끌어올리고는 이렇게 소리친다. "장난은 그만두라! 가식도 그만두고, 합리화도 그만두라. 질문을 던지고 그 답을 수용하라!" 우리 마음속에 이미 옳은 줄 알고 있는 길을 인정하게 하려는 바울의 마지막 시도다. 하나님이 우리에게 무엇을 원하시는지 대개는 우리가 이미 알고 있다는 사실을 인정하게 하려는 것이다.

우리가 어떤 사실을 자신에게 인정하지 않는 한 가지 이유는, 그래야 마땅히 해야 될 줄 알면서도 하지 않은 일에 대한 죄책감을 피할 수 있기 때문이다. 대다수 미국인이 그토록 음식으로 건강을 해치는 이유도 거기에 있다. 훈련 부족만이 아니다. 미국인들은 자기가 먹는 음식이 자기 몸에 어떤 해를 끼치는지 아직 그 실체를 제대로 직시하지 않았다. 내가 이것을 어떻게 알까? 일단 암이나 심장병 증세만 보여도 식생활이 얼마나 순식간에 바뀌는지 누차 보았기 때문이다. 덩어리가 잡히고, 혈관이 막힌 것 같고, 숨만 가빠져도 우리는 몇 년째 일부러 인정하지 않던 현실을 똑바로 직시할 수밖에 없다. 그리고 그 계시는 사투의 훈련으로 이어진다.

그러나 사실을 직시하지 않는 한 생활방식은 바뀌지 않는다. 자신을 속이던 것을 그만두고 진실을 인정해야만 뭔가 긍정적인 일이 일어날 수 있다. 일단 머릿속에서 방향 전환이 이루어지면, 그 사람이 얼마나 신속하게 그동안의 건강치 못한 습관을 버리고 새로운 길로 접어들 수 있는지 정말 놀랄 정도다.

내가 아는 사람들 가운데 건강에 두려움을 느껴 이런 변화를 겪은 사람들이 이구동성으로 하는 말이 있다. "진작 바꿨어야 했다."

바꿔 말하면 "마음속으로 옳은 줄 뻔히 알면서도 몇 년씩 일부러 그것을 인정하지 않았다"는 뜻이다.

파산도 똑같은 효과를 낼 수 있다. 원치 않는 임신, 배우자 쪽 변호사의 통고장, 음주 운전, 마약 중독 자녀를 데리고 치료 시설에 다니는 것도 마찬가지다. 어쩌면 우리에게 그런 것들이 필요한지도 모르겠다. 무언가 당신의 시선을 끌 수 있는 것이 어딘가에 분명히 있다. 불행히도, 그것은 당신에게 두려움만 주는 게 아니라 상처를 남길 수도 있다. 앞으로 당신은 선택의 폭이 좁아지고 기회가 줄어들 수 있다. 그러니 거기까지 갈 필요가 있겠는가? 당신 마음속에 이미 알고 있는, 하늘 아버지가 원하시는 길을 지금 직시하지 않을 까닭이 무엇인가?

인생 대질문을 이제부터 던지지 않을 이유가 없다.

5장. 방파제 쌓기

―――――――――
수면 밑의 역류를 피하라

나는 어린 시절을 마이애미에서 보냈다. 우리 가족은 해마다 여름이면 약 5미터 길이의 여행용 트레일러를 끌고 플로리다 주 네이플즈에 가서 일주일 동안 휴가를 보냈다. 최근에 네이플즈에 가본 사람은 알겠지만, 지금은 해안에 콘도와 호텔이 죽 늘어서 있다. 그러나 1968년에는 끝없이 텅 빈 백사장 외에는 아무것도 없었다. 그래서 아버지는 실제로 백사장 안으로 쑥 들어가 일렬로 늘어선 나무를 따라 차를 몰곤 하셨다. 거기까지는 모래가 딱딱했다. 그렇게 우리는 야영하기 좋은 곳이 나올 때까지 몇 킬로미터씩 달리곤 했다.

당시 나는 초등학생이었지만, 언젠가 휴가 중 해변에서 있었던 일이 지금도 기억에 선하다. 그 해에는 수면 밑의 역류가 유난히 강했다. 사람을 바다 쪽으로 밀쳐내는 역류는 아니라서 위험한 일은 없었지만, 그것은 순식간에 우리를 해변 저쪽으로 데려다놓곤 했다. 물 속에서 놀다가 해안 쪽을 돌아보니 우리 트레일러가 없어졌던 일이 기억난다. 부모님이 왜 야영지를 옮기셨을까? 물론 야영지는 그대로였다. 물 속에 뛰어든 지점에서부터 40미터쯤 해변 저쪽으로 떠밀려간 것은 나였다. 역류였다.

이틀 동안 트레일러에서 밖을 내다보시며 아이들이 어디로 떠내려가지는 않을까 걱정하시던 아버지가 마침내 기발한 아이디어를 내놓으셨다. 코코넛을 스무 개쯤 모아 우리 트레일러가 주차된 곳에서 해변 저쪽으로 30미터쯤 되는 곳에 포탄처럼 매끈하게 작은 보루를 쌓으신 것이다. 코코넛은 기준점이었다. 일단 코코넛보다 더 멀리 떠내려가면 우리는 물에서 나와 트레일러와 나란한 지점까지 돌아와야 했고, 거기서 다시 헤엄칠 수 있었다. 이 방법은 효과가 좋았다.

내가 무슨 이야기를 하려는지 당신도 벌써 짐작했을 것이다. 네이플즈의 수면 밑 역류처럼 문화도 우리를 도덕적, 윤리적, 재정적 한계 너머로 은근슬쩍 휩쓸어가기 일쑤다. 우리가 문득 고개를 들고 "어, 트레일러를 누가 옮겼지?"라든가 "내가 어쩌다 이 지경이 되었지?"라고 말하던 순간들이 그것으로 설명된다. 주변의 모든 것이 같은 속도로 떠내려가고 있으면, 자신이 정지

되어 있다고 착각하기 쉽다. 정지된 기준점이 없으면 당신이 어디에 있는지, 어디에 있지 않은지, 어디에 있어야 하는지 확실히 알 수 없다.

그러니 몇 가지 정지된 기준점을 배치해두자.

구체적으로, 우리는 인생 대질문을 세 가지 다른 방식으로 던지려 한다. 질문의 각 버전마다 당신이 당면한 선택에 독특한 시각을 더해줄 것이다. 세 가지 다른 각도에서 질문에 접근하면 하나의 기준점이 나오고, 그것은 당신이 어디에 있고 어디를 향하고 있는지에 대해 다소 귀찮을지는 몰라도 아주 값진 통찰을 가져다줄 것이다.

준비되었는가?

그렇다면 가보자.

뒤를 돌아보며

시인이자 철학자 조지 산타야나(George Santayana)는 "과거를 기억할 줄 모르는 사람들은 과거를 되풀이할 수밖에 없다"고 말했다. 개인적 차원에서 이 격언은 이렇게 풀어쓸 수 있다. "어제 자신이 무엇 때문에 문제에 빠졌는지 주목하지 않는 사람들은 내일 똑같은 문제에 빠질 가능성이 농후하다."

간명한 표현은 못되지만 요점은 분명하다.

우리 교회에는 독신자들이 헤아릴 수 없이 많다. 그중에는 관계의 파경과 그 상처를 계기로 믿음을 갖게 되는 사람들이 많다. 저마다 방식은 달라도 그들이 찾아와 던지는 질문은 똑같다. "왜 모든 관계가 똑같이 끝날까요?" 대부분 경우 답은 "모든 관계가 똑같이 시작되었기 때문"이다.

모든 관계가 똑같이 시작되었을 뿐 아니라 똑같이 진행되었다. 그래서 결과적으로 다 똑같이 끝난 것이다. 우리는 파트너를 바꾸면 저절로 다른 종류의 관계가 보장될 줄로 착각한다. 테니스 라켓, 골프채, 야구 방망이를 새로 사는 심리와 같다. 마치 새 장비를 쓰면 형편없는 스윙이 저절로 보완되기라도 하는 듯 말이다. 값비싼 조리 기구를 쓴다고 반드시 진미 요리가 나오는 것은 아니다. 기타를 새로 산다고 더 좋은 음악이 보장되는 것은 아니다. 관계의 악습들은 관계를 새로 시작한다고 고쳐지지 않는다.

그래서 우리는 시선을 백미러에 두고서 인생 대질문을 던질 필요가 있다. 당신의 과거 경험에 비추어 무엇이 지혜로운 길인가?

역사의 교훈

당신의 개인 이력은 당신만의 독특한 것이다. 당신의 과거 경험의 총합은 관계, 재정, 직업 등에서 당신이 갖는 구체적인 장단점의 근본 원인이 된다. 예를 들어, 개인 이력 때문에 당신은 다른 사람들보다 더 유혹에 약한 부분들이 있다. 따라서 다른 사람들에게 안전한 것이 당신에게는 안전하지 못할 수 있다. 다른 사람들은 발길을 끊기 쉬운 반면 당신은 지나치게 빠지기 쉬운 활동들이 있다. 때문에 당신에게 다가오는 모든 결정, 초청, 기회는 이 질문으로 걸러야 할 필요가 있다. 내 과거 경험에 비추어 무엇이 지혜로운 길인가?

내 친구 하나는 약혼자와 혼전 상담을 받으러 갔다가 깜짝 놀랄 충고를 받았다. 상담자가 그에게 말했다. "당신은 심한 역기능 가정 출신이니 신혼여행에서 돌아오거든 다시 제게 상담을 받으러 오셔야 합니다."

친구는 충격을 받았다. 상담자의 말은 이렇게 이어졌다. "당신이 이 관계에 가지고 들어오는 과거의 모습을 다루는 데만도 6개월은 필요합니다. 내가 우려하는 것은 결혼 문제가 아닙니다. 결혼생활에 영향을 미칠 당신이 문제입니다."

대부분 사람은 혼전 상담을 결혼 후까지 계속하지 않는다.

사실 결혼 전에 어떤 상담도 받지 않는 커플들이 대다수다. 그러므로 내 친구는 혼전 상담 커플들에게 결혼 후까지 상담을 요구하는 예가 얼마나 잦은지 상담자에게 따져 묻고는 그것을 근거로 자기도 얼마든지 거부할 권리가 있었다. 그러나 내 친구는 신혼여행에서 돌아온 한 달 후부터 다시 상담을 받기 시작했다. 왜 그랬을까? 그것이 표준적인 관행이어서가 아니었다. 성경 구절 때문도 아니었다. 보편적인 도덕적, 윤리적 도리 때문도 아니었다. 그것은 자신의 과거 경험에 비추어 그것이 자신에게 지혜로운 길이었기 때문이다.

내 친구는 그 결정을 후회해본 적이 없다. 그리고 그것은 신부에게 결혼생활에 헌신하는 그의 자세에 대하여 많은 것을 말해주었다.

당신도 모든 결정을 평가할 때 당신의 과거 경험을 틀로 삼아야 한다. 당신의 이력 때문에 당신이 가서는 안 될 곳들이 아마 있을 것이다. 다른 사람들에게는 아무런 영향도 미치지 않는 곳일 수 있지만, 그것은 그 환경에 대한 당신의 경험이 그들에게는 없기 때문이다. 당신이 함께 어울려서는 안 될 특정 부류의 사람들이 있을 것이다. 그들과 같이 있으면 당신 안에 뭔가 건강치 못한 부분이 자극을 받는다. 내 좋은 친구 하나는 한때 게이 공동체에서 생활했었다. 오래전 그 생활방식을 끊었음에도 불구하고, 그는 자기가 특정 부류의 사람들과는 어울려서 좋을 게 없다는 것을 늘 기억한다.

또 다른 친구 제이크(Jake)는 게이들과 어울리는 생활방식을 청산하려 수없이 노력했으나 실패했다. 제이크가 자꾸만 다시 구습에 빠져든 것은 옛 친구들과의 연줄을 끊지 않았기 때문이다. 그의 변명은 언제나 똑같았다. "하지만 앤디, 내가 떠나면 내 게이 친구들에게 누가 다가가겠어?"

내 대답도 언제나 똑같았다. "자네 아닌 다른 사람이."

그러면 제이크는 내게 성경 구절을 들이대며 사랑할 것 없는 사람들을 사랑하고, 친구를 위해 목숨을 버려야 한다고 했다. 의도는 좋았다. 그러나 그의 과거 경험에 비추어 그가 자신과 똑같은 약점을 지닌 남자들과 계속 어울리는 것은 너무나 지혜롭지 못한 처사였다. 제이크는 어렵게 깨우쳐야 했다. 하마터면 목숨을 잃을 뻔한 경험을 계기로 그는 그들과의 관계를 끊었다. 9년 전 제이크는 독신자 수련회에서 만난 훌륭한 여성과 결혼했다. 인생 대질문이 아니었다면 절대 헤어날 수 없었을 것이라고 그는 누구보다 먼저 나서서 고백할 사람이다.

과거에 과다한 신용카드 지출로 카드 구매를 마다하는 사람들을 나는 알고 있다. 신용카드 자체에 문제가 있을까? 아니기를 바란다. 나도 늘 사용하고 있으니 말이다. 그러나 지혜롭지 못한 카드 남용으로 과거가 재정 문제로 얼룩진 사람들로서는 손을 떼는 것이 지혜롭다.

위성 안테나를 치워버린 남자들, 인터넷 서비스를 해약한 여자들, 한동안 데이트를 그만둔 독신자들도 나는 알고 있다. 모두 인생 대질문 때문이다.

그들은 자신들의 삶을 향한 하나님의 뜻에 과감히 부딪힌 남녀들이다. 근본적인 조치를 취하지 않는 한, 자신의 과거 때문에 자신이 이미 실패에 취약해져 있음을 그들은 알았다. 그래서 자신의 과거 경험에 비추어 그들은 지혜로운 길을 갔다. 평범하지 않은 일, 극단적인 선택을 했다.

중심을 점검하기

당신은 어떤가? 당신의 과거 경험에 비추어 무엇이 당신에게 지혜로운 길인가?

재정 면에서 무엇이 당신에게 지혜로운 길인가?

직업 면에서는?

관계 면에서는?

당신의 경우 과거의 이력 때문에 실패에 취약한 부분은 어디인가? 당신 힘으로 어찌할 수 없는 문제였을 수도 있지만 어쨌든 현실은 현실이다. 그것이 현재의 삶 속으로 손을 뻗어 당신의 선택들을 엉망으로 만들고 있다. 일반 사람들은 영향을 입지 않는 것 같은데 당신은 과거의 성장 배경 때문에 유혹을 잘 받는 부분이 있는가? 그렇다면 인정하라. 깨끗이 시인하라. 그저 옳은 길을 가는 정도로 만족하지 마라. 지혜로운 길을 가라.

6장.
계절을 살피는 지혜

때를 기다릴 줄 알아야 한다

인생 대질문을 세 가지 다른 시각에서 던지면 기준점이 생기고, 당신이 어디에 있고 어디로 향하고 있는지에 대해 값진 통찰을 얻을 수 있다고 했다. 질문의 두 번째 형태는 이것이다.

'내 현재 상황에 비추어 무엇이 지혜로운 길인가?'

인생에도 계절이 있다. 오늘의 슬픔은 내일의 기쁨에 밀려날 것이다. 오늘의 분노는 아마도 내일의 넓은 시야로 다스려질 것이다. 오늘의 염려는 내일의 관심사로 대체될 것이다. 예수님이 가르치신 것처럼 날마다 그날의 염려가 있다. 조심하지 않으면 우리는 오늘의 즐거움, 두려움, 상황에 떠밀려 자칫 내일 후회할 결정을 내릴 수 있다.

그렇다면 결정을 내릴 때 당신의 현재 감정과 마음 상태를 감안하는 것은 자신을 위하여 그리고 사랑하는 사람들을 위하여 당연한 일이다. 당신은 어떤지 모르겠지만, 내 경우 잘못을 빌 일은 거의 다 순간에 반응하는 내 성향 때문이다. 내가 과잉 반응으로 상대에게 상처를 주었음을 나는 그 순간이 지나고 나면 깨닫는다. 보내고 나서 후회한 이메일이 얼마나 많은지 모른다. 최소한 24시간만 기다렸어도 분명히 내 반응은 크게 달라졌을 것이다. 따라서 상처도 훨씬 덜 남았을 것이다. 내 경우, 화가 났을 때 지혜로운 길은 아무것도 하지 않는 것임을 배웠다. 그냥 기다리면 된다.

순간을 넘어

그러나 인생 대질문의 각도는 순간을 넘어선다. 삶의 이 계절에서 지혜로운 길이 다음 계절에는 지혜롭지 못할 수도 있고, 거꾸로도 마찬가지다.

예를 들어, 나는 여자들이 집 밖에서 일하는 것을 문제로 보지 않는다. 훌륭한 여자 교역자들이 없다면 우리 교회는 기능이 정지될 것이다. 그러나 일부 여자들의 경우, 인생의 특정한 시기

동안 집 밖에서 직장 생활을 지속하는 것이 가장 현명한 일은 아니다. 질문은 "여자들은 집 밖에서 일해야 하나?"가 아니다. "여자인 아무개가 집 밖에서 일해야 하나?"도 아니다. 일하는 엄마들이 던져야 할 질문은 이것이다. "인생의 이 특정한 계절에 내가 집 밖에서 일하는 것이 지혜로운 길인가?"

결혼 후 4년 동안 내 아내 샌드라(Sandra)는 부동산 중개사로 일했다. 그러나 첫아이를 낳고는 집으로 돌아와 전업 주부가 되었다. 쉬운 결정이었다. 그러나 그 뒤로 아이들이 자라면서 우리는 몇 차례 아내의 직장 복귀 문제를 생각해보곤 했다. 누군가 아내에게 고가의 주택(커미션이 많다는 뜻)을 내놓거나 찾아달라고 부탁할 때면 특히 귀가 솔깃해진다.

그러나 우리는 언제나 인생 대질문으로 돌아간다. 아내가 부동산업으로 돌아가면 재정적으로는 득이 되겠지만, 현재 우리가 맞이한 삶의 계절에 비추어 그것은 지혜로운 길이 아니다.

결정 보류

목사라면 누구나 이혼과 재혼을 둘러싼 문제들로 씨름하지 않을 수 없다. 나 역시 조금도 예외가 아니다. 말했듯이 우리 교회에는 독신자들이 수천 명에 달하는데, 그중 다수는 고통스런 이혼의 상처를 안고 있다. 동시에, 상처 입은 그들은 반려자를 원한다. 이혼 서류에 잉크가 채 마르기도 전에 이미 새로운 관계에 들어서 있는 경우도 자주 있다. 그렇지 않은 사람들도 관계를 찾고 있다. 아마 나 같아도 그럴 것이다.

반려자를 원하는 것은 전혀 잘못이 아니다. 힘든 시기가 끝난 마당에 다음 단계의 삶으로 넘어가는 것도 잘못이 아니다. 진짜 관건은 그게 아니다. 인생에 이러한 힘든 계절을 맞은 독신 남녀들이 던져야 할 질문은 이것이다. "내가 방금 지나온 일, 현재 내 마음 상태, 내 지친 감정에 비추어 무엇이 관계적으로 지혜로운 길인가?"

갓 이혼한 남녀들이 내게 재혼에 대한 의견을 물은 일이 한두 번이 아니다. 누구에게든 내가 들려주는 조언은 똑같다. 나는 그들에게 달력을 꺼내놓고 오늘로부터 1년 되는 날에 표시해두라고 말한다. 그리고 앞으로 1년 동안은 재혼에 대해 어떤 결정도 내리지 말고 심지어 의견조차 정립하지 말라고 권한다. 내 충고를 받아들이는 사람들도 있다. 그 중에는 내게 감사의 편지를 보내온 사람들도 많다. 그러나 대다수 사람은 내가 너무 극단적이라고 생각한다. 그들 중에도 용기를 내서 내게 편지를 쓴 사람들이 있다. 내 말을 듣지 않은 것을 후회하는 내용이다. 실제로 약속을 정하고 새 배우자와 함께 찾아와 두 번째 결혼생활을 살려낼 방도에 대해 조언을 구하는 사람들도 소수 있다. 나는 "거 보시오, 내가 뭐랬습니까"라고는 절대 말하지 않지만 그 생각이 드는 것은 어쩔 수 없다.

나는 이에 대한 생각이 아주 강경하여, 우리 교역자들에게 이혼한 지 2년이 안 된 사람들에게는 재혼 주례를 서지 못하게 하고 있다. 이 정책을 지지해줄 성경 구절이 있을까? 없다. 2년이 안 되어 재혼하는 것이 잘못일까? 그게 관건이 아니다. 모든 것은 인생 대질문으로 돌아간다. 무엇이 지혜로운 길인가? 결혼까지 너무 오래 기다렸다는 사실을 자기네 부부 문제의 원인으로 꼽는 사람을 여태 나는 한 명도 보지 못했다. 그러나 더 기다렸어야 했다고 후회하는 사람들은 부지기수로 보았다.

주변을 둘러보며

그러므로 현재 진행되고 있는 당신의 삶에 비추어 무엇이 당신에게 지혜로운 길인가? 당신의 심기와 정서 상태, 심지어 신체적 건강을 감안할 때 무엇이 지혜로운 길인가? 지금부터 1년 후면 중요한 요인이 아닐 수도 있는, 현재 당신이 맡은 책임과 헌신을 감안할 때 무엇이 지혜로운 길인가? 현재 당신의 재정 상태를 감안할 때 무엇이 지혜로운 길인가?

인생은 계절을 탄다. 오늘 적절한 것이 지금부터 한 달 후면 전혀 부적절할 수 있다. 오늘 어리석어 보이는 선택이 내일은 현명한 것일 수 있다. 무엇이 합법적이고 무엇이 가한지, 심지어 무엇이 실제적인지 결정하는 것만으로는 부족하다. 그리스도의 제자로서 당신은 다른 기준으로 삶에 임하도록 부름받았다. 그러므로 당신은 이렇게 물어야 한다. "내 과거의 경험과 현재 삶의 계절에 비추어 무엇이 내게 지혜로운 길인가?"

7장. 앞을 내다보며

원하는 미래를 창출하기

     인생 대질문을 세 가지 다른 각도에서 던지면 가장 큰 통찰을 얻을 수 있다. 다시 말하지만, 질문의 각 형태는 당신에게 있는 대안들과 결정에 독특한 시각을 가져다줄 것이다. 질문의 마지막 버전은 이것이다.

  '내 미래의 꿈과 희망에 비추어 무엇이 지혜로운 길인가?'

  틀림없이 당신은 자신의 미래가 어땠으면 좋겠다는 정신적인 그림이 있을 것이다. 두루뭉술할 수도 있다. 구체적인 계획일 수도 있다. 점진적인 단계와 인위적인 기한까지 꼼꼼히 기록해두었을 수도 있다. 꿈과 목표를 위해 뼈 빠지게 고생해야 직성이 풀리는 사람들도 있지만, 그냥 꿈꾸는 자체로 만족하는 사람들도 있다. 어느 경우든 사람은 누구나 자신의 미래가 어떻게 풀

렸으면 좋겠다 하는 정신적인 그림이 있다. 가능성과 당위성에 대한 상상 속의 이미지다.

  10년 후 자신의 재정 상태를 어떻게 보느냐고 내가 묻는다면 당신 나름대로 답이 있을 것이다. 그때쯤이면 어떠어떠해야 한다는 구상이 있을 것이다. 거기에 도달하기 위한 계획은 혹 없을지 모르나, 자신의 재정적 미래가 어떠해야 한다는 정신적 그림은 반드시 있을 것이다. 관계 면이나 직업 면에서 자신의 미래를 굳이 말해야만 한다면, 당신은 삶의 그 부분들에 대해서도 답을 내놓을 것이다. 우리는 누구나 미래에 대해 특정한 꿈과 희망이 있다. 계획은 없을지 몰라도 꿈과 기대는 분명히 있다.

꿈을 무산시키는 주범

사실을 말하자면, 대다수 사람의 꿈은 실현되지 않는다. 내가 아는 성인들 중 자기 꿈대로 사는 사람들은 별로 없다. 삶의 질곡과 반전이 우리의 미래를 바꿔놓을 수 있는 것도 사실이지만, 그것이 사람들의 꿈을 빼앗아가는 일차적인 원인은 아니다. 꿈을 빼앗는 것은 우리 자신이다. 순간의 결정이 미래에 어떤 영향을 미칠지 생각하지 않고 결정을 내릴 때 우리는 자신의 꿈을 빼앗는 것이다.

다른 사람들을 보면 그것이 잘 보인다. 그러나 어찌된 일인지 거울 속의 사람은 언제나 예외다. 왠지 그런 것만 같다.

원하는 미래를 스스로 빼앗은 사람들을 당신도 알고 있다. 과도한 빚, 과도한 술, 과도한 모험, 과도한 관계, 과도한 외박, 과도한 결강. 우리가 사랑하는 사람이 자신의 꿈을 습관 하나, 약속 하나, 입맞춤 한 번, 한순간, 일주일과 바꾸는 것을 우리는 보았다.

아버지로서 나는 우리 아이들에게 내일의 꿈과 희망에 비추어 오늘의 결정을 내리라고 늘 가르친다. 미래는 오늘 하는 선택의 초점을 제대로 맞추어준다. 끝을 염두에 두고 선택하면 해피 엔딩을 기약하는 데 큰 도움이 된다.

오늘의 결정은 그 영향으로 미래가 어떻게 전개될 것인가에 비추어 평가되어야 한다. 복권에 당첨되지 않는 한 당신의 재정적 미래는 오늘의 재정적 결정들로 정해진다. 내일 당신의 결혼 생활이 얼마나 건강한지는 오늘 당신이 내리는 결정들로 정해진다. 자녀들이 장성하여 떠난 뒤 그들과 당신의 관계가 어떠할지는 아직 그들이 집에 살고 있을 때 당신이 내리는 결정들로 다분히 좌우된다.

최근에 나는 장성한 딸과의 관계를 회복하려다 거듭 실패했다는 어느 상심한 아버지의 고백을 들으며 이 원리의 중요성을 절감했다. 그는 딸이 왜 자기에게 응답 전화도 하지 않고 선물을 주어도 받지 않는지 이해할 수 없었다. 그 딸도 이제 결혼하여 어린 딸을 두었다. 그는 늘 할아버지가 되는 날을 꿈꾸었는데, 그의 표현을 빌리자면 딸이 자신의 그 권리를 '박탈하고' 있었다. 그가 보기에는, 딸이 정당한 사유도 없이 아버지를 자신의 삶에서 몰아내고 있었다. 그는 절망했다.

그러나 그것은 이야기의 일부일 뿐이었다.

딸이 막 열두 살이 되었을 때 그는 회사 여직원과 3년째 바람을 피우고 있었다. 아내는 사태를 알았으나 물증이 없었다. 아내는 차를 몰고 남편의 차를 찾아 소읍을 빙빙 돈 적이 한두 번이 아니었다. 변두리 어느 호텔 주차장에서 그의 차가 발각되던 날 딸도 엄마와 함께 있었다. 열두 살 소녀는 아버지가 애인을 데리고 방에서 나오는 모습을 보았다. 딸은 이혼 소송에 수반되는 모욕을 고스란히 겪었다. 그 후 15년 간 아버지는 딸에게 감감무소식이었다.

나는 외동딸과의 관계를 원하는 아버지의 심정에 공감하면서도 이런 생각을 떨칠 수 없었다. "자업자득이다. 딸의 고등학교 졸업을 보는 기쁨을 당신이 저버렸다. 결혼식 때 딸을 사위에게

넘겨주는 평생 한 번의 기회도 당신이 놓쳤다. 손녀가 태어날 때도 당신은 없었다." 미련하고 무책임한 결정 하나가 그가 마땅히 될 수 있었고, 되었어야 할 미래를 빼앗아갔다.

그러나 꿈이 실현되지 못한 사람은 본인만이 아니다. 그의 딸은 자기가 아버지 없이 자라리라고는 추호도 상상하지 못했을 것이다. 그의 아내는 자신이 편모가 되리라고는 꿈도 꾸지 못했을 것이다. 그의 결정은 가까운 모든 사람의 꿈을 무산시켰다. 그를 사랑한 모든 사람이 그가 한 선택의 유탄에 맞아 부상당했다. 한순간, 미래가 영원히 달라졌다. 누구의 꿈도 실현되지 못했다.

미래 시제는 상식이다

미래를 염두에 두고 인생 대질문을 던지면, 우리에게 있는 여러 대안이 각각 얼마나 타당한 것인지를 볼 수 있는 눈이 떠진다. 자신이 떠나려는 여정의 성격이 괴로울 정도로 분명해진다. 어찌나 분명한지 눈길을 돌리고 싶어질 정도다. 오랜 세월 내 잘못된 결정의 버팀목이 되어준, 되뇌고 또 되뇐 핑계들로 다시 돌아가고 싶어질 정도다. "난 지금 뭘 잘못하는 게 아냐. 사람들이 늘 하는 일이잖아. 그렇다고 누구를 다치게 하는 일도 아니고. 내가 알아서 해. 이러면 안 된다는 법이 있는 것도 아니잖아. 게다가 아무도 모를 텐데 뭐. 아무 일도 없을 거라고."

최근에 우리 교회의 청소년 사역 담당자가 고등부 학생들에게 장래의 배우자에게 편지를 쓰게 했다. 반응은 대단했다. 이 일은 대다수 학생에게 관계 면에서 자신이 고대하는 것이 무엇인지 처음으로 진지하게 생각할 수 있는 기회가 되었다. 학생들이 현재의 자기 행동이 미래의 그 관계에 투자가 될 수도 있고 방해가 될 수도 있음을 깨닫는 결정적 순간이었다.

편지쓰기 실습을 마친 후 리더들이 모의 결혼식을 진행했다. 우리 학생들은 그들이 현재 처한 현실과 무관해 보이는 까마득한 미래의 사건 속으로 옮겨졌다. 그러나 그 순간, 미리 가본 자신의 결혼식장과 그 모든 의미 앞에서 사춘기의 경솔한 결정들은 중대한 의미를 띠게 되었다. 갑자기 그들은 자신의 내일이 실은 오늘 결정되고 있음을 깨달았다. 열세 살 때 내리는 결정들이 서른한 살 때의 삶의 모습을 좌우할 수 있었다.

이 실습에 감동한 것은 학생들만이 아니었다. 성인 리더들도 영향을 받았다. 그러나 짐작하다시피, 그들의 결과는 학생들과는 꽤 달랐다. 그들의 반응은 이랬다. "내 미래에 미칠 영향을 고려하여, 멈추어 생각하고 결정하도록 그때 누군가 나를 도와주었더라면 얼마나 좋았을까." 우리 삶 대부분에는 그렇게 해 주려 한 사람들이 있었다. 다만 우리가 열일곱 살 나이에 인생을 다 안다고 생각했을 뿐이다.

하지만 성인들의 소감을 통해 우리는 우리 자신에 대해 대단히 중요한 사실을 알 수 있다. 만일 우리가 인생 대질문을 던지며 살아왔다면 오늘 우리 삶은 더 나아졌을 것이다. 자신의 꿈을 더 정성들여 간수했다면 지금 우리 삶은 그 꿈에 더 가까워졌을 것이다.

이제부터라도 오늘을 내일의 렌즈로 보기 시작한다면 너무 늦을까? 나는 그렇지 않다고 본다. 아마도 당신에게는 많은 내일들이 남아 있을 것이다.

그러니 괜찮지 않은가? 지금부터 당신은 선택 가능한 모든 대안의 타당성을 내일의 꿈과 희망에 비추어 평가할 것이다. 결정에 부딪힐 때마다 멈추어 곰곰 생각하며, "내 미래의 꿈과 희망에 비추어 무엇이 지혜로운 길인가?"라고 물을 것이다. 그리고 그 길로 갈 것이다.

이야기는 끝났다. 이 책도 더 쓸 필요가 없다.

아닐 수도 있다

그렇게 간단한 문제가 아니잖은가? 아니, 그럴까? 이상한 일이지만, 우리는 이 정보를 소화하고도 돌아서자마자 다시금 뻔한 사실에 저항하곤 한다.

이상하지 않은가? 지금 이 순간, 당신은 자신이 원하는 미래를 무너뜨릴 소지가 있는 어떤 결정을 진지하게 생각하고 있다. 그런데도 당신은 낡고 진부한 핑계들을 둘러대며 그 방향으로 확 기울고 있다. 내가 말하는 핑계가 어떤 것들인지 당신도 안다. 고등학교 때부터 당신이 써먹어온 것들. 지금 후회되는 일들의 길을 터준 핑계들. 배우자에게 절대 털어놓지 못한 일들. 자식들이 절대 몰랐으면 싶은 일들. 부끄러운 결정들. 당신에게 찾아온 좋은 일들에 오늘까지도 그림자를 드리우는 선택들. 피했더라면 당신의 꿈이 실현될 길이 열렸을 여러 대안.

너무 다그쳐서 미안하다. 산더미 같은 반대 증거 앞에서도 이 진리를 부인하는 나 자신의 성향을 너무 잘 알기 때문이다. 앞서 말했듯, 이 원리가 어떻게 전개되는지 다른 사람들의 삶을 보면 잘 보인다. 내 삶과의 상관성은 무시한 채 말이다. 우리는 자기기만의 예술에 능한 족속이다.

그러니 구체적으로 들어가자. 10년 후 당신이 원하는 재정 상태에 비추어 지금 무엇이 지혜로운 길인가? 재정 면에서 당신이 지금 시작하거나 중단해야 할 일은 무엇인가?

당신이 미혼이라면, 언젠가 꿈의 배우자를 만나고 싶은 마음에 비추어 지금의 관계들에 어떻게 임하는 것이 지혜로운 길인가? 당신의 행동 중 당신이 원하는 미래를 빼앗아갈 만한 것은 무엇인가? 당신은 장래 배우자에게 당신의 지난 관계들에 대해 뭐라고 말해주고 싶은가? 거기에 맞게 살라. 당신이 기혼이고 당신의 꿈이 배우자와 백년해로하는 것이라면, 당신이 제외시켜야 할 대안들은 무엇인가? 당신의 꿈을 훔쳐갈 수 있는 것은 무엇인가? 취해야 할 대책은 무엇인가? 관계 면에서 무엇이 지혜로운 길인가?

자녀가 사춘기를 맞거나 대학에 가거나 결혼하여 자식을 둘 때, 당신은 자녀와 어떤 관계로 지내고 싶은가? 그 희망에 비추어 지금 무엇이 지혜로운 길인가? 지금 당신의 자녀양육 레퍼토리에 어떤 실천들을 배합하는 것이 지혜롭겠는가? 우선순위의 조정이 필요한 부분은 어디인가?

되돌아가 사춘기를 다시 살 수 있다면 얼마나 좋을까. 오, 잠시 들러 20-30대 시기를 다시 살 수 있다면 얼마나 좋을까. 물론 불가능한 일이다. 인생의 각 계절은 딱 한 번뿐이다. 거기서 무언가를 배웠는가 아닌가는 이후의 계절들을 보면 분명해진다.

그렇다면 당신이 배운 것은 무엇인가? 더 핵심으로 들어가, 당신은 당신의 인생을 향한 하나님의 뜻에 부딪칠 마음이 있는가? 마음속으로 알고 있는 사실을 인정할 용의가 있는가? 인생 대질문을 던져 그대로 따를 각오가 되어 있는가? 한 발짝 큰 걸음을 내디뎌 당신의 미래를 보호하라. 당신 미래의 꿈과 희망에 비추어 무엇이 지혜로운 길인가?

아픈 곳이 어디인가?

잠시 동안 하나님을 포함하여 아무도 당신의 마음을 읽을 수 없다고 가정하자. 뿐만 아니라 지금부터 5분 후에 5분 동안 당신이 했던 생각을 다 지울 수 있다고 하자. 다시 말해, 필터 없는 사고의 공간을 만들어내는 것이다. 지금부터 하려는 생각에 대해 당신은 자신을 포함하여 누구에게도 책임질 필요가 없다.

그 상태로 잠시 있을 수 있다면, 당신은 뭔가 행동을 취해야 한다는 부담감 없이 자신의 모든 소원을 자신에게 거리낌 없이 인정할 수 있을 것이다. 지금부터 하는 생각이 설령 유죄가 된다 해도 5분 후면 지울 수 있을 테니 말이다.

좋다, 약간 깊이 들어가보자. 당신이 어떤 소원이든 자신에게 거리낌 없이 인정할 수 있음을 잊지 마라. 행동은 전혀 필요 없다.

재정적, 관계적, 도덕적, 직업적, 영적으로 당신의 현 상태를 평가해본다. 인생 대질문을 적용해야 한다면, 각 분야에서 어떻게 달라지고 싶은가? 당신의 과거 경험, 현재의 상황, 미래의 꿈과 희망에 비추어 무엇이 재정적으로 지혜로운 길인가? 관계적으로는? 도덕적으로는? 직업적으로는? 영적으로는?

다시 말하지만, 당신은 자신의 답에 대해 행동을 취할 필요가 없다. 그저 잠시 동안 자신에 대해 괴로울 정도로 정직해지라. 삶의 각 부분을 인생 대질문의 렌즈에 비추어 평가해야 한다면, 당신은 그 각 분야에서 어떻게 달라지고 싶은가?

잊지 마라. 당신이 이 질문을 던지는 것은 누구를 위해서도 아니고 당신 자신을 위해서다. 무엇이 내게 지혜로운 길인가? 보편적 통념과 문화적 규범 뒤에 숨고 싶은 유혹을 물리쳐라. 무엇이 당신에게 지혜로운 길인가? 당신은 과거의 경험, 현재의 상황, 미래의 꿈과 희망이 섞인 독특한 혼합체다. 지혜를 따라 살면, 당신의 구체적인 직업적, 재정적, 관계적 차원에 꼭 맞는 맞춤식 결정 과정이 가능해진다. 이 기회를 놓치지 마라.

처음부터 당신에게 있는 여러 대안을 이런 식으로 처리해왔다면, 지금 당신의 삶이 얼마나 달라졌을지 생각해보라. 지금부터 계속 인생 대질문을 수용한다면, 1년 후 당신의 삶이 얼마나 달라질지 상상해보라.

좋다, 현실 세계로 돌아오자. 지금까지 스스로 인정한 내용에 대해 행동의 의사가 전혀 없다 해도 죄책감을 느낄 필요는 없다. 앞으로 몇 장에 걸쳐 당신의 저항이 허물어질 것이다.

2부에서는 1부에서 언급했던 몇몇 분야를 좀더 깊이 들어가 보려 한다. 구체적으로, 우리는 인생 대질문을 재정, 도덕, 시간의 세계에 적용할 것이다.

2부

위험한
대안들

8장. 질문을 외면하다

그리 지혜롭지 못한 길

그 마지막 실습이 좀 아팠는가? 그렇다면 미안하다. 하지만 알다시피 약간의 고통은 때로 유익하다. 사실 당신은 아팠다기보다 슬펐을 것이다. 되돌아가 다르게 할 수만 있다면 오죽 좋으랴. 반대로 이번 장은 당신의 전진을 돕기 위한 것이다. 이제부터 당신은 자신에게 이렇게 묻는 연습을 시작하기만 하면 된다. 내가 지혜로운 사람이라면 내 과거의 경험, 현재의 상황, 미래의 꿈과 희망에 비추어 무엇이 내게 지혜로운 길인가?

이렇게 권하는 이유는 당신이 스스로를 향해 그 답을 알고라도 있어야 할 의무가 있기 때문이다. 현 시점에서 우리의 목표는 거기까지다. 즉 자기를 인식하는 일이다. 이 질문을 던지고 답을 인식하면 거기에 쭉 따라 나오는 생각들이 있게 마련이다. 이런 생각이 들 수도 있다. 이번 일에 무엇이 지혜로운 길인지는 알겠는데 나는 그 길로 가고 싶은 마음이 없다. 그것만도 자기 인식에서 장족의 발전이다. 방금 당신은 자신에 대해 아주 귀한 사실을 배웠다. 이런 통찰을 얻었을 수도 있다. 나는 내가 최대한 잘되어야 한다는 생각이 없다. 만일 그렇다면 그거야말로 반드시 알아야 할 사실이다.

몇 가지 질문이 더 꼬리를 물 것이다. 내가 최대한 잘되어야 한다는 생각이 나에게 없다면 누구에게 있겠는가? 그리고 결과는 어떻게 되겠는가? 하지만 앞서 말했듯 일단은 하루 종일 결정을 내릴 때마다 그냥 이 질문을 떠올리는 습관을 들이기 시작하면 된다. 이번 일에서 무엇이 내게 지혜로운 길인가?

지혜로운 사람과
별로 지혜롭지 못한 사람

성경에 그가 지혜로운지 여부를 굳이 따질 필요가 없는 인물이 하나 있다. 그는 지혜로운 사람이었고 인류 역사상 최고의 현자로 알려져 있다. 오죽했으면 성경의 잠언까지 썼겠는가. 그의 이름은 솔로몬인데 이름까지도 지혜롭게 들리지 않는가? 솔로몬 왕은 잠언에서 인간을 네 부류로 나누었다. 그에 따르면 그중 으뜸은 지혜로운 사람, 즉 과거와 현재와 미래를 보고 최고의 결정을 내리는 사람이다.

하지만 솔로몬은 지혜로운 사람인지라 거기서 그치지 않고 다른 세 부류에 대해서도 적어놓았다. 지혜와 지혜로운 삶을 외면하는 세 가지 대안인 셈이다. 그가 잠언에 밝혔듯 우리는 지혜를 떠나면 다른 것들 쪽으로 가게 되어 있다. 의지적으로 지혜를 선택하지 않으면 본의 아니게 그 셋 중 하나를 선택하게 된다. 솔로몬의 말은 마치 이런 것이나 같다. "지혜가 무엇인지 이왕 배우는 김에 지혜가 무엇이 아닌지도 확실히 알아두자."

그러므로 지혜롭지 못한 부류를 자세히 살펴보자. 하지만 미리 경고하는 게 좋겠다. 이제부터 살펴보려는 솔로몬의 말은 비위에 거슬릴 것이다. 당신을 화나게 할 수도 있다. 그러니 잘 참기 바란다. 시대를 뛰어넘어 우리에게 들려주는 그의 말을 최소한 귀담아듣기 바란다. 당신 자신에게 그만큼은 해줄 의무가 있다.

어리석은 자

우선 솔로몬이 어리석다고 표현한 인물부터 살펴보자. 이런 사람들이 지혜롭지 못한 이유는 지혜를 대적해서가 아니라 살아온 날이 얼마 되지 않아 그냥 잘 모르기 때문이다. 그들은 단순히 너무 젊다. 어리석은 자는 세상물정을 몰라 무지하다. 나쁘거나 악하거나 멍청한 게 아니다. 인생을 망치려는 것도 아니다. 그저 나이든 사람들에게 있는 경험이 부족할 뿐이다.

잠언 7장 6절에서부터 솔로몬은 기막힌 이야기를 들려준다. 이야기 속의 젊은이는 자신에게 좋은 날이 온 줄로만 확신한다. 하지만 그 상황을 읽노라면 영화 〈조스〉의 불길한 음악이 서서히 배경에 깔린다. 그가 걸음을 뗄 때마다 당신은 손을 뻗어 그의 팔을 붙잡고 "그만!"이라고 외치고 싶어진다. 솔로몬은 그를 "소가 도수장으로 가는 것 같고 미련한 자가 벌을 받으려고 쇠사슬에 매이러 가는 것과 같도다…새가 빨리 그물로 들어가되 그의 생명을 잃어버릴 줄을 알지 못함과 같으니라"(7:22-23)고 묘사했다.

젊은 청춘이란 아름다운 경험이지만 또한 위험한 경험이 될 수도 있다. 그것은 단지 아직 젊은 청춘이라서 그렇다. 젊은 당신은 어떤 인생 선배가 앞길의 위험을 경고해주려 하면 이렇게 되받는 경향이 있다. "아니, 내가 알아서 합니다. 아무 일도 없을 겁니다!" 하지만 솔로몬이 보여주듯 사실 많은 일이 벌어질 수 있다. 순식간에 인생의 궤도가 달라질 수 있다. 어느새 당신은 엉뚱한 방향으로 가고 있다. 당신의 생각이 아무리 어리석을지라도 그 길을 의도한 적은 없다.

이쯤 되면 솔로몬과 내가 젊음에 대해 부정적으로 말하는 것처럼 들리겠지만 사실은 그렇지 않다. 당신이 젊다면 여기 놀라운 소식이 있다. 비록 경험은 부족해도 당신에게는 나머지 우리에게 없는 기회가 있다. 이것은 누구나 아쉬워하는 이점이다. 당신은 청춘의 혜택과 지혜의 혜택을 둘 다 누릴 수 있다. 당신이 어리석고 약간 무지하며 세상물정을 모른다는 사실 때문에 (비위에 거슬릴 것이라 앞서 경고했다) 삶의 길을 잘못 들어설 필요는 없다. 굳이 모든 교훈을 어렵게 배울 필요는 없다.

당신은 양쪽 다 가질 수 있다. 청춘도 누리고 지혜도 얻을 수 있다. 하지만 그러려면 지혜를 구해야 한다. 지혜는 저절로 오는 게 아니라 당신이 구해야 하고 구하는 법을 배워야 한다. 하나의 연습이고 과정이다. 모든 초대, 모든 기회, 모든 결정 앞에서 멈추어 생각해야 한다. 좋다, 내가 지혜로운 젊은이라면 내 과거의 경험(아직 얼마 되지 않는다), 현재의 상황(물론 나는 아주 젊다), 미래의 꿈과 희망(내게 엄청난 의미가 있다)에 비추어 무엇이 내게 지혜로운 길인가?

미련한 자

지혜로운 솔로몬은 진실을 중시해서 그런지 대충 넘어가는 법이 없다. 두 번째 부류의 인물을 그는 미련한 자(바보)라 부른다. 어리석은 자와 미련한 자의 차이라면 후자는 자신의 선택이 지혜롭지 못함을 안다는 것이다. 미련한 자는 경험으로 알면서도 그냥 무시한다. 콧방귀도 뀌지 않을 뿐더러 이렇게 덧붙일 수도 있다. "당신이 뭔데 내 인생에 이래라저래라 간섭인가?" (그의 입에서 나올 법한 다른 말들을 당신의 지혜로운 생각대로 떠올려보아도 좋다.)

잠언에 나오는 미련한 자의 어떤 그림은 여간해서 머릿속에서 떨치기 힘들다. "개가 그 토한 것을 도로 먹는 것 같이 미련한 자는 그 미련한 것을 거듭 행하느니라"(26:11). 말했듯이 솔로몬은 대충 넘어가지 않는다. 당신도 삶의 어느 부분에서 "이게 잘못인 줄은 알지만 그래도 나는 이렇게 하겠다. 어쩌면 반복할 수도 있다"라고 생각한다면, 솔로몬이 이렇게 답해줄 것이다. "삶의 그 부분에서 당신은 미련한 자다."

어리석은 자에게는 세월이 약이지만 미련한 자를 고치기란 그리 쉽지 않다. 미련한 자는 어렵게 배우는 수밖에 없으므로 언제나 비극이 그 약이다. 난데없이 벌어지는 비극이란 없다. 미련한 자는 자꾸 이렇게 우긴다. "내 인생이니 내 마음대로 할 수 있다. 내 몸이고 내 시간이고 내 돈이니 다른 사람들에게 영향을 주지 않는다. 나는 지금 아무도 해치는 게 아니다." 정말 바보 같지 않은가?

그는 미련하여 자신의 이기심을 보지 못한다. 솔로몬이 잘 말했다. "미련한 자와 사귀면 해를 받느니라"(잠 13:20). 미련한 자와 사귀는 사람 ― 배우자, 부모, 형제나 자매, 직원, 자녀, 친구 ― 은 미련한 자의 잘못된 선택으로 인한 해를 면할 수 없다. 미련한 자의 비극은 결국 그가 다른 사람에게 해를 입힌다는 것이다. 언제나 부수적 피해가 뒤따른다. 미련한 자는 "그럴 의도는 없었다"며 하루 종일 항변할지 모르지만 실상은 이렇다. "아니, 그래도 당신은 그들에게 해를 입혔다."

거만한 자

어떤 의미에서 솔로몬은 우리에게 선한 자(어리석은 자), 악한 자(미련한 자), 흉한 자(거만한 자)를 보여준다. 이 마지막 부류는 정말 흉하다.

거만한 자 — 일부 역본에는 조롱하는 자로 되어 있다 — 는 미련한 자가 스테로이드 주사를 맞은 상태다. 이런 남녀는 옳고 그름, 지혜와 어리석음의 차이를 무시할 뿐 아니라 옳고 지혜로운 길을 추구하는 사람들을 늘 비웃거나 조롱한다.

거만한 자는 냉소적이고 비판적이며 고자세로 아무나 통제하려 든다. 그들 주변에 있으면 늘 균형이 깨지는 것 같고 어디가 어디인지 알 수 없다. 그들은 늘 좌중에서 가장 똑똑한 사람처럼 행세하며, 그 알량한 지식으로 자신의 세계와 인간관계를 지배하고 조종하려 한다.

당신의 배우자나 직장 상사가 그런 사람이라면 정말 안됐다. 솔로몬이 한 말이 있다. "거만한 자를 징계하는 자는 도리어 능욕을 받고 악인을 책망하는 자는 도리어 흠이 잡히느니라 거만한 자를 책망하지 말라 그가 너를 미워할까 두려우니라"(잠 9:7-8). 결론은? 그들과 함께라면 승산이 없다. 도무지 듣지 않기 때문이다. 그들은 얼마 되지도 않는 지식으로 당신을 공격한다. 정서적 불안 때문이든, 순전히 교만 때문이든, 과거의 무슨 문제 때문이든 자신의 냉소와 비판으로 상황을 통제해야만 한다. 그들과 관계를 유지하기란 불가능에 가깝다. 그들은 우매하다 못해 종종 비인간적인 수준을 넘본다.

이것이 영원한 현자 솔로몬이 제시한 지혜로운 사람과 지혜롭지 못한 사람의 모습이다. 당신이 과거에 내린 선택 중 썩 지혜롭지 못한 세 부류에 속하는 게 하나라도 보인다면, 이로써 당신의 자기인식이 한층 깊어졌을 것이다. 어쩌면 다른 방향으로 돌아서고 싶을 수도 있다. 만일 그렇다면 바로 거기가 당신의 새로운 습관이 끼어드는 자리다. 새로운 습관이란 모든 상황에서 자신을 살피며 이렇게 묻는 것이다. "무엇이 지혜로운 길인가?"

어리석은 자와 미련한 자와 거만한 자도 살다 보면 한번쯤은 결정을 내릴 때 도움의 필요성을 느낄 것이다. 자신에게 지혜가 필요함을 알 것이다. 하지만 여기 더 심각한 질문이 있다. 그들은 지혜를 알아볼 수나 있을 것인가? 당신은 어떤가?

9장.
돌아서라

희망을 향한 180도 전환

앞장 끝부분에 말한 요점을 기억하는가? 자칫 우리는 지혜의 필요성을 인식할 능력조차 잃을 수 있다. 이를 굳이 지적하는 까닭은 "무엇이 지혜로운 길인가?"라는 중대한 질문을 던지는 힘든 과정에 그것도 포함되기 때문이다. 솔로몬에게 배웠듯 문제는 당신이 지혜롭지 못한 세 부류 중 하나에 너무 오래 빠져 있어 아예 "지혜를 구하여도 얻지 못하"는 사람(잠 14:6)이 될 위험이 있다는 것이다. 이쯤 되면 당신은 이미 자신의 삶과 관계에는 물론 어쩌면 영혼에까지 영구적 손상을 입힌 후다. 교정을 받아들일 수 없는 사람이 된 것이다. 당신은 못처럼 딱딱해진(꿋꿋하다는 뜻의 관용어-역주) 게 아니라(이생을 살리면 때로 필요하다) 못 자체가 되었다(대개 망치로 두드려 맞아야만 반응을 보인다). 이런 상황에는 거의 희망이 없다.

거의 그렇다.

와서 받으라

흥미롭게도 솔로몬이 잠언의 서두에서 그려내는 지혜는 성읍의 거리를 다니며 이렇게 외치는 사람이다. "지혜를 원하는 자 누구인가? 와서 받으라!" 자칫 여기서 그냥 건너뛰고 싶겠지만, 정말 이 사람을 만나볼 필요가 있다.

"지혜가 길거리에서 부르며 광장에서 소리를 높이며 시끄러운 길목에서 소리를 지르며 성문 어귀와 성중에서 그 소리를 발하여 이르되 너희 어리석은 자들은 어리석음을 좋아하며 거만한 자들은 거만을 기뻐하며 미련한 자들은 지식을 미워하니 어느 때까지 하겠느냐"(1:20-22).

이 말의 핵심은 "어느 때까지"라는 두 단어다. 그런데 이 두 단어는 우리 모두가 너무도 잘 아는 이런 말로 튀어나온다. "당신은 피곤하지도 않은가?" 아무에게나 요즘 어떻게 지내느냐고 물어보라. "피곤하다"는 뻔한 대답이 나올 게 거의 확실하다. 우리 많은 사람의 삶 속에 너무 오래 고질화된 무엇이 있다. 당장이라도 거기서 벗어나고 싶지만 변화가 가능할지 확신이 없다.

바로 이런 상황 속에서 "지혜"가 길거리를 다니며 어리석은 자에게 말한다. "당신은 모든 교훈을 어렵게 배우느라 피곤하지도 않은가?" 또 거만한 자에게 말한다. "당신은 소중한 사람과의 관계를 또다시 망치느라 피곤하지도 않은가?" 미련한 자에게는 이렇게 말한다. "당신은 작년과 똑같은 문제와 집착과 무산된 희망으로 또 한 해를 보내느라 피곤하지도 않은가?" 역시 거의 절망적으로 느껴진다.

거의 그렇다.

이럴 때 어떻게 해야 하는지 지혜의 말을 들어보라.

> "나의 책망을 듣고 돌이키라 보라 내가 나의 영을 너희에게 부어 주며 내 말을 너희에게 보이리라"(1:23).

돌이키라. 가던 방향에서 돌아서서 다른 방향으로 가라. 바로 이 돌이킴에 희망이 있다. 하지만 보다시피 이는 능동적 희망이다. 희망이 실현되려면 행동이 필요하다.

"오직 내 말을 듣는 자는 평안히 살며 재앙의 두려움이 없이 안전하리라"(1:33).

지혜는 말한다. "어서 오라. 당신에게 한 번 더 기회를 주겠다. 이 기회를 놓치지 마라. 내가 이렇게 부르고 또 부른다. 내 말을 들으라! 누구든지 내 말을 들으면 좋은 길을 걸으며 안전과 평안과 보호를 얻을 것이다. 아직 희망이 있다."

그래서 우리는 이 질문을 던지는 것이다. 내 과거의 경험, 현재의 상황, 미래의 꿈과 희망에 비추어—그것이 어디로 이어지든 관계없이—내가 지혜로운 사람이라면 어느 길로 가겠는가?

당신이 거만한 자라면 자신이 좌중에서 가장 똑똑한 사람이 아니라는 사실부터 인정해야 한다.

당신이 미련한 자라면 주위 사람들에게 관심부터 가져야 한다. 당신만 중요한 게 아니라 당신을 사랑하고 의지하는 모든 사람이 다 중요하기 때문이다.

당신이 젊고 어리석은 자라면—그 자체는 잘못이 아니다—당신에게 평생의 기회가 있다. 당신은 양쪽 다 가질 수 있다. 청춘과 지혜를 둘 다 누릴 수 있다. 하지만 혼자 힘으로는 거기에 이를 수 없다. 지혜를 구해야 한다. 얻으려고만 하면 얼마든지 지혜가 우리 앞에 주어져 있다.

하지만 현실을 보거나 들을 때면 내 마음이 아프다. 다음과 같은 경우가 너무도 비일비재하기 때문이다. 즉 때로 사람들은 지혜를 떠나 산 지 너무 오래되어 결국 삶을 고치기로 마음먹어도 고칠 수가 없다. 어떤 것들은 너무 망가져서 이생에서는 고칠 수 없다. 강조하건대 이생에서는 그렇다. 때가 되면 하나님이 모든 것을 회복하시고 만물을 새롭게 하실 것이다. 하지만 당신은 바라던 부부관계를 영영 누리지 못할 수 있다. 꿈을 영영 이루지 못할 수 있다. 이생에서는 원하는 것을 얻지 못할 수 있다.

당신은 심은 대로 거둔다. 나도 심은 대로 거둔다. 그러나 지혜는 미래를 향해 다음 걸음을 내디딜 때 못지않게 과거의 삶의 결과를 직시할 때도 꼭 필요하다. 똑같은 질문이 그대로 적용된다. 무엇이 내게 지혜로운 길인가? 이 경우의 답은 희망이긴 하지만 상처와 눈물로 얼룩진 희망, 풍상에 시달린 희망이 될 것이다.

하지만 그래도 희망은 희망이다.

희망과 지혜 쪽으로 나아가기에 지금보다 더 좋은 때는 없다. 특히 지금부터 살펴볼 두 분야에서 그렇다.

3부

시간의 문제

10장

시간 도둑

시간은 곧 인생이다

시간은 인생 대질문을 던져야 할 가장 중요한 분야다. 당신의 시간은 곧 당신의 인생이다. 돈이 떨어져도 인생은 남아 있다. 친구가 없어졌다고 인생이 끝난 것은 아니다. 그러나 시간이 다하면 인생도 끝이다.

지혜롭게 다룰 줄 알아야 할 재산이 한 가지 있다면 바로 우리의 시간이다. 생각해보라. 돈은 더 벌 수 있고, 친구는 새로 사귈 수 있으며, 여행은 더 다닐 수 있고, 자식도 더 낳을 수 있다. 그러나 당신에게 할당된 시간은 요지부동이다. 정량뿐이다. 욥은 그것을 이렇게 표현했다.

"그(인간)의 날을 정하셨고 그의 달 수도 주께 있으므로 그의 규례(영어성경 NIV에서는 '제한'으로 표기)를 정하여 넘어가지 못하게 하셨사온즉"(욥 14:5).

"그의 규례(제한)를 정하여 넘어가지 못하게 하셨다"는 말이 보이는가? 소비와 먹는 양과 성취는 제한을 넘어갈 수 있어도 수명만은 안 된다.

시편기자는 우리에게 정해진 시간과 지혜의 관계에 대해 이런 통찰을 덧붙인다.

"우리에게 우리 날 계수함을 가르치사 지혜로운 마음을 얻게 하소서"(시 90:12).

내가 아주 좋아하는 구절이다. 우리의 날이 정해져 있음을 아는 것만으로도 우리는 지혜의 사람이 되는 쪽으로 장족을 내딛는 것이다.

이땅에서의 시간이 제한되어 있다는 사실만 알아도 삶 전체에 대한 우리의 평가는 달라질 수밖에 없다. 안타깝게도 우리는 우리가 시간을 어떻게 투자하고 있는지를 평가하는 데보다는 시간을 물어보는 데 인생을 더 많이 소비하고 있다. 그러나 곧 보겠지만, 시간을 아는 것보다 훨씬 더 중요한 것이 있다. 시간을 바로 쓰는 법을 아는 것이다.

세월은 다 어디로 갔는가?

샌드라와 나는 결혼한 지 5년이 다 되어서야 첫아이를 낳았다. 아이가 없던 그 시절을 돌아보면 "그렇게 많이 남아돌았던 시간에 도대체 우리는 뭘 했나?"라는 의문이 들곤 한다. 5년이나 자유로이 살았으니 뭔가 뚜렷이 내놓을 것이라도 있어야 옳지 않은가? 그 세월은 다 어디로 갔는가?

답은, 사라졌다는 것이다.

세월은 사라졌다. 단 1분도 되찾을 길이 없다. 시간이란 남지 않는 법이다. 나중을 위해 저축해둘 수도 없다. 저장이 불가능하다. 그저 사라질 뿐이다. 그래서 되돌아보면, 누구나 세월이 어디로 갔나 하는 의문이 든다. 나만 해도 열여섯 살 시절이 엊그제같다. 내 20대는 어디로 갔나? 30대에 한 일이 왜 이것밖에 안 되나?

"세월이 어디로 갔나?"라고 물을 때 사실 우리는 다른 질문, "내 인생은 어디로 갔나?"라는 더 당혹스런 질문을 던지고 있는 것이다. 보라. 시간을 어떻게 사용하느냐가 단순히 지금 몇 시고, 내 나이가 몇이며, 남은 세월이 얼마나 되는지 아는 것보다 더 중요하다. 시간은 곧 인생이며, 시간은 되돌릴 수 없다. 시간이라는 귀중품에 인생 대질문을 적용해야 하는 이유가 바로 이 때문이다.

내 과거의 경험, 현재의 책임, 미래의 꿈과 희망에 비추어 무엇이 내 시간을 투자하는 가장 지혜로운 길인가?

그럼 여기서 이번 장을 끝내도 된다. 당신은 당신이 사용하는 시간을 객관적으로 평가하여 필요한 조정을 할 수 있을 만큼 똑똑하다. 그리고 시간이 곧 인생임을 알 만큼 인생 연륜도 있다. 그러나 건너뛰기 전에 좀더 깊이 들어가고 싶은 부분이 있다. 우리가 곧잘 놓치고 사는 시간의 일면이다. 결국 모든 사람이 깨닫지만 그 '결국'이 너무 늦을 때가 있다. 언제 배우든 진작 배우지 못한 것이 아쉽기만 한 인생 교훈들이 있기 마련인데, 이것도 그 가운데 하나다.

가랑비에 속옷 젖는다

실제로 아주 간단한 원리이므로 설명도 간단히 하려 한다. 다섯 문장으로 나누었는데, 첫 번째 문장은 이것이다.

1 ── '특정 활동에 소량의 시간을 장기간 투자하면 누적 가치가 있다.'

운동이 이 원리의 확실한 예다. 하루나 이틀 단위로 몇 분씩 장기간 운동하면 분명한 누적 가치가 있다. 1년이 지나면 차이가 보이고 느껴진다. 그러나 첫날 하루 운동한 뒤의 차이란 욱신거리는 몸뿐이다. 한 번 운동해서는 눈에 띄는 유익이 거의 없다. 사실 운동 시간이 얼마나 길든 한 번의 운동으로는 이렇다 할 득이 거의 없다. 운동을 단념하기가 그토록 쉬운 것도 이 때문이다. "하루 빠진다고 뭐 손해날 것 있어?" 답은, 신체적으로 아무 손해가 없다는 것이다. 운동의 진가는 시간의 일회적인 입금에 있지 않고 지속적인 적금 끝에 발휘된다. 운동에는 복리(複利) 효과가 있다. 시간을 꾸준히 분할 투자할 때 차이가 나타난다.

악기를 정복하거나 골프 스윙을 숙달하거나 무술 유단자가 되려 할 때도 마찬가지다. 짧은 시간을 들여서라도 매주 며칠씩 집중 노력하여 6개월만 지속하면 실력이 몰라보게 향상된다.

단, 체력과 음악 분야에서 명백한 이 사실이 다른 분야에서는 그 정도는 아니다. 그럼에도 불구하고 이는 우리 인생의 거의 모든 면에, 특히 관계 면에 시사점이 많다. 꾸준한 습관으로 변화가 일어나는 구체적인 사례를 몇 가지 들어보자. 가족과 함께 하는 저녁 식사, 부부가 밤에 하는 데이트, 하나님과 단둘이 보내는 시간, 교회 출석, 자녀와 일대일로 보내는 시간, 온 가족이 함께 드리는 기도, 소그룹 성경공부, 배우자와 같은 시간에 잠자리에 드는 것 등이다. 단 1회의 시간적 불입금만 가지고 수지를 따진다면 이 어떤 활동에도 정말 득다운 득은 없다.

화요일 밤에 딱 한 번 자녀를 재운다 해서 무엇이 남겠는가? 어쩌다 한 번씩은 누구나 자녀와 진지한 대화를 나눌 수 있다. 소그룹 성경공부 모임에 딱 한 번 나간다면? 그날 모임이 잘되어 어느 멤버에게서 새로운 깨달음을 얻을 수도 있다. 그러나 대개, 당신이 그 시간에 설령 다른 일을 한다 해도 그걸로 세상이 끝나지는 않는다. 가족과의 저녁 식사는 가족과의 저녁 식사다. 식탁에서 딱 한 번 시간을 보낸다고 무엇을 얻겠는가? 별것 없을 것이다.

그러나 매주 대여섯 번 가족과 저녁 식사를 함께하는 아버지로서, 나는 당신에게 그 사소해 보이는 일과에 누적 가치가 있다고 말해줄 수 있다. 어려서부터 이른 아침에 혼자 하나님 말씀을 펴라고 배운 그리스도인으로서, 나는 시간을 이렇게 분할 투자하는 누적 가치를 보증할 수 있다. 그리고 매달 세 번의 월요일 밤을 소그룹에 참여하는 부부로서, 샌드라와 나는 소수의 다른 신자들과 함께 공동체 안에 있는 시간의 누적 가치를 잘 안다.

그렇다고 어떤 특정한 저녁 식탁의 대화가 떠오르는 것은 아니다. 내 삶을 바꿔놓은 소그룹의 특정한 토론도 생각나지 않는다. 자녀들과 나눈 잠자리 대화도 아주 생산적이거나 기억에 남을 만한 것은 별로 없다. 그러나 이런 반복적인 일과와 시간-곧 인생-의 분할 투자는 어마어마한 누적 가치가 있다.

두 번째 문장은 거기서 나온다.

2 ── '삶의 어느 분야든 시간의 불입금을 한 번 무시해도 즉각적인 파장은 거의 없다.'

이 격언의 가장 분명한 예도 역시 건강 분야에서 찾을 수 있다. 하루 동안 건강을 무시해보라. 즉각적인 파장은 없다. 일주일 동안 건강을 무시해보라. 부정적인 결과가 조금도 느껴지지 않을 것이다. 사실 일주일 동안 패스트푸드에 디저트도 곱으로 먹고 운동은 하지 않고 맥주를 약간 과음하고 며칠씩 밤늦도록 바깥에서 지내보면, 왜 진작 이렇게 살지 않았나 하는 생각이 들 수도 있다(아니면, 왜 이런 삶을 포기했던가 싶을 수도 있다). 단 일주일 만에 이런 생활방식의 파장을 평가한다면, 당신은 십중팔구 잘못된 결론에 도달할 것이다. 약간의 소화 불량과 아침 기상 때 조금 애를 먹는 것 말고는 걱정할 일이 전혀 없어 보일 것이다.

동일한 역학이 삶의 모든 분야에서 이루어진다. 가족과의 저녁 식사를 하룻밤 놓쳐도 큰일이 아니다. 주일 아침에 한 번 늦잠을 잔다고 달라지는 것은 없다. 금요일에 한 번 결근해도 월요일에 여전히 직장에 붙어 있을 것이다. 아침에 성경 대신 신문을 집어 들어도 삶은 계속된다. 삶의 어느 분야든 시간의 불입금을 한 번 무시해도 즉각적인 파장은 거의 보이지 않는다. 기만적이지만 사실이다. 그러나 무시가 습관이 되면 당신은 결국 세 번째 원리에 부딪힐 것이다.

3 ___ '무시에는 누적 효과가 있다.'

심각한 파장 없이 일주일이나 심지어 한 달도 건강을 무시할 수 있다. 그러나 그 생활방식을 10년, 12년 고수해보라. 피해를 돌이킬 수 없을 것이다. 한 번의 밤 외출이나 한 번의 특정한 식사 때문이 아니다. 효과는 누적된다.

무시는 신체적, 관계적, 영적, 직업적, 재정적, 정서적으로 누적 효과가 있다. 원예도 그렇다. 방금 우리 집 잔디밭을 내다보았다. 무엇이든 장기간 무시하면 결과가 나타나게 되어 있다. 대개는 엉망진창이다. 물론 그 엉망진창 때문에 우리 안에 관심과 심지어 에너지의 물결이 솟구칠 수 있다. 불현듯 우리는 자신의 소행을 깨닫고는 급히 마당으로 뛰쳐나가, 그간의 무시로 인한 파장을 되돌린다.

그러나 가장 중요한 분야일수록 분출하는 에너지와 활동으로도 장기간의 무시로 인한 파장을 되돌릴 수 없다. 이에 대해서는 나중에 좀더 알아보기로 하자.

다섯 구간을 이동하는 여정의 다음 정류장은 어쩌면 당신이 한 번도 생각해보지 않았을 그러나 분명히 경험한 적이 있는 일이다. 적은 시간을 꾸준히 적금하면 합해져 좋은 결과가 나오고, 꾸준히 무시하면 합해져 나쁜 결과가 나온다는 것은 사실이다. 그러나 닥치는 대로 아무 일이나 해서 스스로 중요한 일과를 방해하면, 다 합해도 무(無)가 된다.

4 ── '급한 일들을 하느라 중요한 일들을 방해받으면 거기에는 누적 가치가 없다.'

예를 들어보자. 지난 1월 당신의 새해 결심이 일주일에 사흘씩 운동하는 것이었다고 하자. 당신은 헬스 클럽에 가입했다. 트레드밀도 구입했다. 올해가 건강 관리의 해라고 가족과 친구들에게 발표도 했다. 그런데 계획대로 잘되지 않았다고 하자. 다른 일들이 계속 방해했다. 이 일이라면 당신도 굳이 많은 상상력이 필요하지 않을지 모르겠다. 하지만 한 걸음 더 들어가 보자.

자, 6개월이 지난 후 당신이 친구와 함께 앉아 그동안 운동 대신 무엇을 했는지 설명해야 한다고 하자. 대화가 어떻게 진행될까?

"운동 대신 뭘 했나?" 친구가 묻는다.

"음, 모르겠네. 많은 일을 했겠지."

"한 번 생각해보세. 아침에 늦잠 잘 때도 있었나?"

"그렇지. 몇 시간씩 더 잘 때도 있었지."

"좋아, 몇 번이나?"

"모르지."

"운동 대신 또 뭘 했나?"

"일찍 출근했네."

"몇 번이나?"

"모르지."

"직장에 가서는 뭘 했나?"

"이것저것."

"이것저것 뭐?"

"기억이 안 나네. 그냥 일. 업무."

"좋아. 아침에 운동 대신 또 뭘 했나?"

"친구들 하고 아침 식사한 적도 두어 번 있지."

"그것 말고는?"

"어떤 날은 아침에 일어나 집에서 그냥 어정버정 보내기도 했네. 이메일도 체크하고, 아이들 학교 갈 준비도 거들어주고."

요지는 이것이다. 운동 대신 한 일들을 모두 모아 가치를 합산하면 결국 당신에게 남는 것은 무엇일까? 제로다. 닥치는 대로 아무 일이나 해서 스스로 중요한 일과를 방해하면, 다 합해도 무(無)가 된다. 아니, 실은 다 합하면 엄청난 시간 낭비만 남는다. 이미 아는 정말 중요한 일들 대신 다른 일들을 아무리 많이 해도 거기에는 누적 가치가 전혀 없다.

대학 신입생이 공부 대신 하는 모든 일의 누적 가치는 무엇인가? 제로다. 아버지가 가족과 저녁 식사를 함께하는 대신 하는 모든 일의 누적 가치는 무엇인가? 제로다. 당신의 경건 시간을 방해한 모든 일의 누적 가치는 무엇인가? 제로다.

이것저것 급한 일들이 시간의 전략적인 입금을 계속 방해한다면, 그것은 가장 값진 재산을 버리는 것과 같다. 시간 낭비 정도가 아니라 인생 낭비다.

세월은 갔는데 더 내놓을 것이 없는 이유가 이 원리로 설명된다. 계량 불능의 잡동사니 활동들이 세월을 다 삼켜버렸다. 그런 활동이 우리의 가장 중요한 일들을 빼앗아간다. '대신 한 일들'을 모두 합하면 결과는 언제나 제로다.

마지막 다섯 번째 문장으로 들어가기 전, 지금까지 말한 내용을 정리해보자.

- 특정 활동에 소량의 시간을 장기간 투자하면 누적 가치가 있다.
- 삶의 어느 분야든 시간의 불입금을 한 번 무시해도 즉각적 파장은 거의 없다.
- 무시에는 누적 효과가 있다.
- 급한 일들을 하느라 중요한 일들을 방해받으면 거기에는 누적 가치가 없다.

이 모두가 사실이라면 그리고 시간이 곧 인생이라면, 당신의 시간과 관련하여 무엇이 지혜로운 길인가?

11장. 살면서 배운다

에디 머니 Eddie Money가 옳았다

에디 머니(Eddie Money)를 당신도 기억할 것이다. 1980년대의 유명한 팝스타. 많은 히트곡. 아주 잘생긴 남자. 그는 손가락 사이에 담배를 끼운 모습으로 사진에 등장하곤 했다. 내가 그의 이야기를 꺼내는 이유는 시간에 대한 마지막 다섯 번째 문장의 냉엄한 진리가 그의 최고 히트곡 하나에 잘 강조되어 있기 때문이다. 노래 제목은 "돌아가고 싶어라"(I wanna Go Back)이다. 후렴 부분은 이런 내용이다.

돌아가고 싶어라,
다 다시 하고 싶어라.
하지만 난 돌아갈 수 없네.

돌아갈 수 없네.

에디가 옳았다. 우리는 돌아갈 수 없다. 돌아가 다시 살고 다시 사랑하고 다시 만회하고 다시 배열할 수 없다. 우선순위와 방향과 초점을 다시 정할 수 없다. 되돌아보면, 돌아가고 싶은 시절들이 있다. 하지만 돌아갈 수 없다. 10대, 20대, 30대를 다시 살 수 없다. 결혼을 되돌릴 수 없다. 자녀를 다시 키울 수 없다. 벌써부터 우울해지는가?

여기 마지막 다섯 번째 문장이 있다.

5 ── '삶의 중요한 부분에서 당신은 잃어버린 시간을 만회할 수 없다.'

학생 때는, 일주일 내내 했어야 할 공부를 하룻밤 철야로 만회할 수 있었다. 휴가지로 떠나는 운전 중에는, 네 살 난 아이의 볼일 때문에 쉬느라 까먹은 시간을 정상 속도보다 약간 빨리 달려 만회할 수 있다. 그러나 관계의 세계에는 철야가 없다. 자녀나 배우자와의 더 좋은 관계에 벼락치기란 없다. 하늘 아버지와의 잃어버린 시간은 과속을 해도 만회할 수 없다. 삶의 중요한 부분일수록 소액의 입금이 시종일관 필요하다. 그 기회는 한 번 놓치면 영원히 잃고 만다.

체육관에서 잃어버린 시간을 만회하려는 실수를 누구나 범한 적이 있다. 무슨 말인지 알 것이다. 몇 년째 운동을 하지 않던 당신이 갑자기 다시 건강을 되찾기로 결심한다. 그래서 하는 일은? 메가톤급 운동이다. 건물 내의 기계란 기계는 다 건드린다. 바벨도 다 든다. 트레드밀도 종류별로 다 시간을 입력한다. 다 한다. 뭘 모를 당신이 아닌데도 속에서 이런 말이 들린다. "나는 잃어버린 시간을 만회할 수 있다. 그간의 무시를 보충할 수 있다." 그래서 당신은 잃어버린 것을 되찾았다고 확신하며 그곳을 떠난다. 근육이 빵빵해진 것 같고 건강이 넘치는 것 같다. 누구처럼 주지사로 나설 생각마저 든다.

그러나 다음 날 아침 당신은 침대에서 나올 수 없다. 실은 몸이 너무 욱신거려 일주일 동안 체육관에도 가지 못한다. 심한 경우, 몸을 다쳐 더 오랫동안 쉴 수도 있다. 이 이야기의 교훈은 삶의 가장 중요한 부분들에서는 잃어버린 시간을 만회할 수 없다는 것이다.

그러니 지금 무엇이 지혜로운 길인가?

아빠들이여, 오늘 밤 집에 총알같이 들어가 식구들에게 이렇게 발표해도 소용없다. "내가 그동안 가족과의 저녁 식사를 너무 많이 놓쳤다는 사실을 이제야 깨달았다. 그러니 다들 외출 준비를 하시라! 오늘 밤 단골 식당마다 전부 돌며 외식하는 거다. 자정까지도 좋고, 필요하다면 그보다 더 늦어도 상관없다.

먹고 또 먹고 또 먹으며 대화 또 대화 또 대화를 나누자. 잃어버린 시간을 만회하는 거다."

우스운가? 그럴지도 모른다. 하지만 평소 부재중인 아빠나 엄마로 살아온 삶을 한 번의 장기 휴가로 만회할 수 있다는 생각도 그 못지않게 우습다. 수개월 간의 업무로 인한 출장을 만회하려고 한 번의 낭만적인 주말 외출을 약속하는 것도 그 못지않게 우습다. 아무리 낭만이 넘친다 해도 단 한 번의 주말 외출로 6개월이 넘도록 무시해온 결혼생활을 건져낼 수는 없다.

관계란 적은 시간의 꾸준한 적금으로 세워진다. 가장 중요한 것들에 벼락치기란 없다. 자녀와 마음이 통하고 싶다면, 어쩌다 한 번이 아니라 꾸준히 시간을 내주어야 한다. 휴가나 주말 외출은 지난 일이나 임박한 변화를 기념하고 축하하는 좋은 기회다. 그러나 일관된 무시가 그것으로 보상되지는 않는다.

그래서 또 묻게 된다. 당신에게 지혜로운 길은 무엇인가?

시간을 구속하라

이 다섯 문장을 배경으로, 에베소 신자들에게 던진 바울의 경고를 다시 한 번 살펴보자.

"그런즉 너희가 어떻게 행할지를 자세히 주의하여 지혜 없는 자 같이 하지 말고 오직 지혜 있는 자 같이 하여 세월을 아끼라 때가 악하니라"(엡 5:15-16).

"세월을 아끼라"는 말은 원문에 "시간을 구속(救贖)하라"로 되어 있다. 여기에서 사용된 헬라어 단어는 회계와 관련된 용어다. 바울은 "시간의 본전을 다 뽑아라. 매순간의 삶에서 좋은 것을 최대한 짜내라"고 말하고 있다. 시간을 잘못 사용하는 것은 인생을 잘못 사용하는 것이다. 지혜로워야 한다. 세월을 아껴야 한다. 돌아가 다시 투자할 수는 없다.

바울이 말하는 시간을 구속해야 하는 이유는 무엇인가? "때가 악하니라."

앞서 말했듯 우리는 도덕적, 윤리적으로 중립적인 환경에 살고 있지 않다. 다른 가치관들이 그리스도의 제자인 당신의 가치관에 끝없는 도전을 가하고 있다. 조심하지 않으면 문화가 시간을 전략적으로 투자하지 않고 어리석게 낭비하는 생활방식으로 당신을 끌어들일 것이다. 당신은 바빠질 것이다. 생산성이 높아질 수도 있다. 그러나 '주의하지' 않으면, 가장 중요한 일들에 시간을 조금씩 분할 적금할 수 있는 단 한 번의 기회들을 당신은 놓치고 말 것이다. 지혜롭게 행하지 않으면, 당신의 시간은 오만 가지 급한 일들과 기회들로 산산이 부서질 것이다. 그런 일들과 기회들이 당장은 중요해 보이겠지만, 함께 엮으면 누적 가치가 전혀 없다.

반면, 당신이 시간의 자원을 기꺼이 전략적으로 활용한다면 상황은 달라질 수 있다. 당신은 신체적, 관계적, 영적으로 그리고 어쩌면 재정적으로도 더 건강해질 것이다. 나중에 삶의 이 시절을 돌아보아도 후회가 별로 없을 것이다. 단번의 돌발 활동이나 단 하루 때문이 아니라 하나의 결단 때문이다. 가장 중요한 일들에 적은 시간을 분할 투자하여 시간의 본전을 모두 뽑겠다는 결단 말이다.

스튜디오에서 보내는 값비싼 시간

그러므로 당신의 과거, 현재, 미래의 꿈과 희망에 비추어 지금 시간을 사용하는 방식에 필요한 변화는 무엇인가? 중단해야 할 일은 무엇인가? 취소해야 할 일은 무엇인가? 지금 떠오르는 일들이 아마도 나쁜 일들은 아닐 것이다. 그러나 잊지 마라. 우리는 더 높은 기준으로 부름받았다. 당신의 시간을 어떻게 쓰는 것이 지혜로운 길인가? 현재 당신의 스케줄에서, 가장 중요한 일들에 시간을 분할 투자하지 못하도록 당신을 산만하게 하는 것들은 무엇인가?

이 부분에서 내가 만난 최대의 시험은 10년 전 우리 둘째아들 개릿이 태어난 직후에 찾아왔다. 나는 음악을 아주 좋아한다. 신혼 초 우리 집에는 작은 음악 스튜디오가 있었고, 내가 독신 시절부터 모아온 장비도 많았다. 결혼 후 스튜디오에서 보내는 시간은 당연히 줄었지만, 그래도 나는 틈틈이 시간 나는 대로 나만의 음악 세계로 사라지곤 했다. 첫아들 앤드류가 태어나면서 음악 시간을 따로 떼기가 점점 어려워졌다. 이해심이 많은 샌드라는 내게 자투리 시간이라도 내서 음악적 취미를 살리라고 격려해주었다.

개릿이 태어난 직후 우리는 더 큰 임대 주택으로 이사했다. 하루는 밤에 지하실에서 필요한 장비들을 연결하고 있는데 불쑥 이런 생각이 들었다. "이봐, 앤디. 너는 지금 네 삶의 큰 덩어리 하나를 재미는 있지만 생산성은 높지 못한 일에 투자하려 하고 있어. 하지만 위층에는 네가 가장 사랑하는 사람 셋이 있고, 그중 둘은 아직 기저귀를 차고 있어." 거기 앉아 미래를 생각해보니 훗날 내가 이때를 돌아보며 좋아하는 취미보다 사랑하는 가족에게 시간을 더 투자하지 못한 것을 후회할 것 같았다. 음악에 투자할 그 시간—인생—의 덩어리를 가족에게 더 잘 쓸 수 있을 것 같았다.

나는 위층으로 올라가 샌드라에게, 스튜디오를 전부 팔겠다고 선언했다. 아내는 놀라면서도 안도했다. 아내의 인내심과 격려에도 불구하고 나는 알고 있었다. 때로 아내는 내 관심을 두고 음악과 경쟁해야 한다는 느낌을 가졌던 것이다.

돌아보면 그것은 내 인생 최고의 결정 가운데 하나였다. 음악 스튜디오를 갖는 것이 잘못된 일은 아니지만, 가족과 의미 있는 소통을 유지하려는 내 소원에 비추어 스튜디오를 포기하는 것이 내게는 지혜로운 길이었다. 나는 때로 음악을 하지 못하는 것을 아쉬워하기도 한다. 그러나 내 결정을 후회하지는 않는다. 10년이 지난 지금, 나는 그 단순한 결정의 배당금을 지금도 만끽하고 있다. 게다가, 그러잖아도 빽빽한 내 스케줄에 그렇게 시간이 많이 드는 취미를 더한다는 것은 상상할 수도 없다. 하지만 이건 어디까지나 내 경우다. 질문은 이것이다. 무엇이 당신에게 지혜로운 길인가?

당신에게 음악 스튜디오나 화실이나 암실이나 바느질 방이 있을 경우, 그것을 치워야 한다는 말이 아니다. 내 말은, 미래를 숙고하면서 현재 당신이 시간을 할당하는 방식을 신중히 평가해야 한다는 것이다. 지혜롭게 선택하면 당신의 결정에 보상이 따른다. 그러나 어리석게 선택하면 그 결정이 당신의 삶을 앗아 간다.

당신이 해야 할 숙제

방금 읽은 대로 살아갈 수 있도록, 당신의 평가를 돕고자 간단한 연습 활동을 준비했다. 빈 종이를 꺼내 왼쪽에 다음 네 항목을 일렬로 쓴다.

신체적인 면
관계적인 면
직업적인 면
영적인 면

꾸준히 하면 삶의 각 부분에 긍정적인 결과를 가져올 일로서, 당신이 지금부터 시작할 수 있는 일을 각 항목 옆에 한 가지씩 쓴다. 훗날 돌아보며 가치 있는 시간 투자였다고 할 만한 일로서, 각 분야별로 당신이 시작할 수 있는 작은 투자는 무엇인가? 지금부터 당신이 꾸준히 할 수 있는—신체적, 관계적, 직업적,

영적 면에서—누적 가치가 있는 일은 무엇인가? 지난 12개월 동안 각 분야별로 당신이 꾸준히 하지 못해 아쉬운 일은 무엇인가? 잠시 시간을 내어 이런 질문에 답해보면, 지금부터 시작해 시간을 보다 지혜롭게 사용할 수 있는 출발점이 열릴 것이다.

욥의 말처럼 우리의 날수가 정말 정해져 있고 넘어가지 못할 제한이 있다면, 우리가 시간을 어떻게 쓰느냐의 문제는 더없이 중요하다. 시간이야말로 인생 대질문을 적용할 가장 중대한 분야일 것이다. 그래서 다시 한 번 묻는다. 당신의 과거 경험, 현재의 상황, 미래의 꿈과 희망에 비추어 당신은 시간을 어떻게 할당하며 살아야 할까? 당신의 스케줄에 보태야 할 것은 무엇인가? 빼야 할 것은 무엇인가? 누적 가치의 원리를 적용해야 할 부분은 어디인가?

당신의 시간은 당신의 인생이다. 무엇이 지혜로운 길인가?

4부

도덕성의 문제

12장. 초보자를 위한 섹스

왜 모두 그리로 가는가?

다음 몇 장(章)의 간단한 메시지는 지난 15년 동안 내가 미국 십대들의 머리와 가슴속에 심어주려 애쓴 내용이다. 더러는 듣고 적용했다. 지난 세월 나는 단순하지만 심오한 이 원리로 말미암아 내게 감사하는 학생들의 편지와 이메일을 수없이 받았다. 그중 다수는 지금 결혼하여, 삶의 이 부분에서 지혜의 길을 선택한 보상을 누리고 있다.

불행히도, 내 경고를 귀담아듣지 않기로 한 학생들이 더 많았다. 이해가 된다. 다른 시각을 부추기는 메시지며 영상들이 날마다 학생들에게 퍼부어진다. 자극은 넘쳐나고 훈련은 턱없이 모자라니 그들의 몸 안에서 분출되고 있는 하나님이 주신 욕구가 그런 시각에 불을 지핀다. 게다가 나는 그들의 아버지뻘이나 되는 나이 많은 사람이다. 내가 알면 뭘 알겠는가?

우리에게는 성적 순결에 대한 하나님의 명령을 무시하는 성향이 있는데, 그 성향만큼 사람들의 꿈을 훔쳐가고, 희망을 짓밟고, 가정을 깨뜨리고, 정신을 병들게 하는 것은 없다. 미국의 굵직한 사회적 병폐의 대부분을 유발하거나 부채질하는 것은 성의 오용이다. 성적 순결과 관련된 문제들―외도, 외도의 파편, 포르노 중독, 에이즈와 기타 성병, 낙태, 낙태의 심리적 여파, 성폭행, 근친상간, 강간, 모든 성 중독―이 갑자기 사회에서 사라진다면, 우리의 가용 자원이 얼마나 많아질지 상상해보라. 그 자원으로 우리는 남아 있는 소수의 문제만 해결하면 된다.

하나님이 인간에게 자유 의지를 주셨기에 성적 부도덕으로 인한 각종 후유증을 일부러 자초할 사람들은 언제나 있게 마련이다. 그것도 인생의 현실이다. 그러나 들을 마음이 있는 사람들을 위하여 경고는 울려져야 한다.

배우는 데 더딘 사람들

책 첫머리에서 말했듯 우리는 누구나 후회할 일을 한 적이 있다. 창피한 결정이라서 후회스러울 때도 있다. 시간이나 자원을 탕

진한 결정이라서 후회될 때도 있다. 그러나 도덕상의 어리석은 결정으로 인한 후회보다 더 천추의 한이 되는 것은 없다. 허비한 돈이나 형편없는 시간 관리에 대해서는 때가 되면 웃음이 나올 수도 있다. 그러나 도덕적 실패에 관한 한 세월도 약이 되지 않는다. 외도, 이혼, 성 중독, 성폭행을 두고 웃는 사람은 없다. 도덕적 실패의 부분에서, 후회는 한이 되고 고통은 대물림될 수 있다. 당신의 경우도 평생 가장 큰 후회들은 어쩌면 이 범주 어디쯤에 속할 것이다.

이상하다. 결과가 뻔한 데도 우리는 별로 배운 게 없는 것 같다. 수많은 인명을 성병으로 잃었고, 아버지 없는 집에서 자란 자녀들도 한두 세대 보았으니 그 정도면 우리도 뭔가 배웠을 법도 하다. 그러나 정욕과 탐욕은 계속해서 우리를 상식선 밖으로 몰아가고 있다.

어떤 결과들은 너무도 뻔하다는 사실을 나는 새삼 절감한 적이 있다. 그날 오후, 나는 척추 교정을 위해 병원 대기실에 앉아 있었다. 한 여자와 대화를 나누게 되었는데, 그녀의 아들도 내가 읽었던 어떤 책을 읽고 있다고 했다. 나더러 교사냐고 묻기에 목사라고 했더니 그녀는 남편의 외도와 그로 인한 이혼에 대해 이야기하기 시작했다. 남편이 젊은 비서와 눈이 맞아 달아났다는 말에 나는 "특이한 경우로군요"라고 받았다. 내 반어법에도 아랑곳없이 그녀의 말은 계속되었다. 남편은 하루아침에 정부와 결혼했고, 자기는 중학생 아들을 둔 엄마로서 융통성 있는 직장을 구하느라 몹시 애를 먹었다고 했다.

나는 고개를 저으며 말했다. "제가 한 가지 보장하지요. 당신의 남편이 당신보다 훨씬 비참합니다."

그녀는 뭐가 뭔지 모르겠다는 표정을 지었고, 안 듣는 척하고 있던 대기실의 다른 사람들도 마찬가지였다. 우리의 대화는 어느새 〈소프라노스〉(*The Sopranos*, 마피아 두목인 토니 소프라노를 중심으로 그의 집안과 조직을 둘러싸고 펼쳐지는 미국 텔레비전 블랙 코미디 시리즈-편집자 주)의 손색없는 대본 소재가 되어가고 있었다.

"그게 무슨 말인가요?" 그녀가 물었다.

"머지않아 당신 전남편의 새 부인은 아이를 낳고 싶어질 겁니다. 남편은 이미 한번 해봤으니까 원치 않을 겁니다. 여자는 화가 날 것이고, 남편은 어느 쪽을 택하든 자기가 원하는 것은 얻지 못합니다. 어느 날 그는 잠에서 깨어나, 이러지도 저러지도 못하게 된 자기 신세를 깨닫게 됩니다."

그 즉시, 내 왼쪽에서 신문에 코를 박고 있던 남자가 불쑥 말했다. "맞는 소리요!" 아무래도 내가 아픈 데를 건드렸던 모양이다. 그러나 이미 벌집을 쑤셔놓은 마당이라 나는 그의 말을 무시한 채 여자에게 집중했다.

여자는 똑바로 앉더니 전남편이 전에 없이 고생할 거라는 생각에 배시시 웃음을 지었다. "그런 생각은 못 해봤지만 당신 말이 맞을 것 같네요. 그 사람이야 다시 자식을 낳을 마음이 추호도 없지요."

이제 여자는 신이 나서 어쩔 줄 모르겠다는 투였다. 그러더니 나를 보며 물었다. "그런데 그런 걸 다 어떻게 아셨어요?"

"저는 목사입니다." 나는 말했다. "그런 일이 진행되는 걸 수없이 보았지요. 솔로몬의 말이 맞습니다. 해 아래 새 것은 없습니다."

그녀는 고개를 절래절래 저었다. "정말 그럴 거예요. 하지만 그 속에 있으면 자기만 그런 것 같거든요."

핵심이다.

그 속에 있으면 자기만 그런 것 같다.

안개가 밀려올 때

사람들이 왜 그토록 어리석은 도덕적 결정을 내리기 쉬운지 아는가? 내 상황만은 특이하다고 항상 뭔가가 우리에게 속삭이기 때문이다. "여태 이런 기분을 느껴본 사람은 아무도 없다. 지금의 내 상황은 여태 아무도 겪어보지 않은 일이다. 나는 감당할 수 있다. 나는 남들과 다르다. 나한테는 통계 수치가 해당되지 않는다. 내 자식들한테도 해당되지 않는다. 나한테 제일 좋은 길은 내가 안다. 내 정열은 깊다. 사랑이 우리 관계를 지속시켜 줄 것이다."

당신의 상황과 감정이 특이하다고 확신하는 한, 당신은 인생 대질문에 저항할 것이다. 물론 이것은 이 질문의 전체 전제와 모순되는 듯 보인다. 이 질문이 그토록 강력한 것도 따지고 보면 각 사람의 독특성 때문이 아니던가. 그러나 이 문맥에서 우리가 말하는 것은 당신의 과거, 현재, 미래의 꿈과 관련된 당신의 개성이 아니다. 그런 면에서라면 당신은 특이하다.

다만, 당신의 상황과 감정과 욕망과 정열은 전혀 특이할 것이 없다. 여태 이런 감정은 내가 처음이라고 자신을 속여 착각에 빠지는 한, 당신은 지혜를 무시한 채 그 감정을 좇을 것이다. 그러나 단 하루만 지나도 당신은 자신이 전혀 특이하지 않음을 알게 될 것이다. 결과는 뻔하다. 당신이 돈을 아무리 많이 벌든 외로움은 외로움이다. 당신이 누구를 알고 있든 중독은 중독이다. 당신이 무슨 차를 몰든 죄책감은 죄책감이다. 당신이 무슨 약을 먹든 우울증은 우울증이다.

희망

여기 기쁜 소식이 있다. 사실, 성적인 죄와 그 모든 여파와 후유증을 피함에 있어 인생 대질문이 그토록 강력한 동맹군이 되는 이유가 여기 있다. 성적인 죄의 결과도 뻔하지만, 우리를 성적인 죄에 취약하게 만드는 그 전의 결정들도 똑같이 뻔하다. 그리고 — 여기가 중요하다 — 인생 대질문에 힘입어 당신은 그런 결정들의 실상을 볼 수 있다. 당신의 유혹과 상황과 감정이 특이하지 않다는 사실을 기꺼이 인정한다면, 인생 대질문을 통하여 당신은 삶의 이 중요한 부분에서 실패 대신 성공의 기반을 닦아 줄 선택들을 능히 내릴 수 있다.

다시 말하지만, 어떤 행동들의 결과는 뻔하며 그런 행동에 이르기까지의 단계들도 뻔하다. 이 숙연한 현실을 빨리 받아들일수록 우리는 자기 마음을 믿는 일을 중단하고 인생 대질문을 자원하여 던지게 된다. 이 질문은 되돌아보며 후회하는 대신 감사하기 원하는 사람들을 위해 우리 하늘 아버지가 주신 것이다.

여기까지는 활주로만 뱅뱅 돈 것처럼 느껴질 수 있다. 그렇다면 이제 트레이를 접어올리고 좌석 등받이도 앞으로 세워 고정시키기 바란다. 다음 몇 분간은 기체가 꽤 흔들릴 수 있으니 조심하기 바란다.

13장. 백미러에 비친 모습

프랭크Frank와 실라Sheila의 전설

당신이 도덕적으로 가장 크게 후회했던 일을 잠시 생각해보라. 그날 밤, 그 포옹, 그 구매, 그 오랜 시선, 열고 들어선 그 문….

나는 기체가 꽤 흔들릴 수 있다고 말했었다.

안다. 그것은 평소 당신이 생각하지 않으려고 애쓰는 일일 수도 있다. 다시는 생각을 말자고 자신에게 약속했을 수도 있다. 그리고 그것은 좋은 아이디어였을 수 있다. 그러나 이왕 내가 끄집어냈으니 잠시만 이대로 있어보자. 하도 많아서 당신은 그중 하나를 골라야 할지도 모른다. 먼 과거가 아닐 수도 있다. 어찌 됐든 협조하는 셈 치고 하나를 골라보라.

이번에는 가장 후회되는 그 사건이나 관계가 있기 이전의 결정들을 떠올려보라. 아마도 당신은 어느 순간 그런 결정들을 마음속으로 연습했을 것이다.

'그 직장에 들어가지 말았어야 했는데.'
'그 여자한테 전화를 걸지 말았어야 했는데.'
'그 남자의 청을 수락하지 말았어야 했는데.'
'그 여행을 가지 말았어야 했는데.'
'그 잡지를 구독하지 말았어야 했는데.'
'엄마 말을 들었어야 했는데.'

충분히 먼 과거까지 회상해보면, 지금 후회되는 그 순간이나 그 시절의 벼랑으로 당신을 이끌어간 일련의 결정들이 아마도 줄줄이 꿰어질 것이다.

내가 말하려는 요지는 우리가 도덕적으로 가장 후회하는 일들에는 언제나 일련의 지혜롭지 못한 선택들이 선행된다는 것이다. 잘못됐거나 불가하거나 불법적인 선택이 아니라 지혜롭지 못한 선택이다. 우리가 재앙의 벼랑 끝까지 제 발로 가는 이유는 그동안 자신이 내린 선택들 가운데 '잘못된' 것이 하나도 없기 때문이다. 그래서 우리는 주저하지 않는다. 그러고는 "어쩔 수 없었다"는 초라한 변명으로 자신의 행동을 옹호한다. 이 변명에는 똑같이 터무니없는 질문이 뒤따르게 마련이다. "내가 어쩌다 이 지경이 됐지?"

보다 유익하고 정직한 질문은 이것이다. "내가 어쩌다 이 상황을 자초했을까?" 이 질문의 답은 모든 사람에게 다 똑같다. 모든 사람에게 말이다. 일단 자신의 욕망을 따르고 나면, 해 아래 새 것이란 없는 법이다.

우리는 어쩌다 그 상황을 자초했을까? 일련의 지혜롭지 못한 선택들을 통해서다. 지혜롭지 못한 선택들이 우리를 돌아올 수 없는 지경으로 떠밀었다. 이름과 얼굴은 바뀌지만 과정과 결과는 비참할 정도로 비슷하다. 우리는 혹 내 상황만은 다르며, 따라서 대다수 사람들에게 지혜로운 길이 내게는 지혜롭지 않다고 생각할지 모른다. 그러나 결국은…그 이야기라면 충분히 한 것 같다.

큰 아이러니가 하나 있다. 우리가 아는 누군가가 도덕적 재앙으로 조금씩 다가가기 시작하면, 그것이 우리 눈에 너무나 분명히 보인다는 것이다. 프랭크와 실라의 예를 보라.

사무실 파티

프랭크와 실라는 같은 사무실에서 일한다. 프랭크는 유부남이고 실라는 미혼녀다. 실라는 매력적이다. 프랭크도 그것을 알지만 그는 헌신된 남편과 아버지다. 서약을 했고 그 서약을 지킬 작정이다.

어느 날 팀 프로젝트로 함께 일하던 중 프랭크에게 이런 생각이 들었다. '실라한테 점심이나 함께 먹자고 하면 어떨까? 업무상으로 말이야. 업무 얘기를 나누는 거야.' 약간 찜찜해 망설여지지만 그는 자신을 다그친다. '동료 직원하고 같이 점심 먹는 게 무슨 잘못인가. 어차피 점심은 먹어야 되잖아. 게다가 남들이 다 보는 식당에 갈 건데.' 그래서 그는 실라에게 점심 초대 이메일을 날린다.

이메일을 읽은 실라는 프랭크가 자기한테 점심을 신청하는 것이 약간 이상하게 느껴진다. '우선 이 사람은 유부남이잖아.' 그녀는 생각한다. '한 시간 동안 무슨 얘기를 할지 막막한데…. 하지만 해로울 것도 없잖아. 게다가 그는 여기서 꽤 영향력 있는 사람이야. 직장 동료와 점심을 먹는 게 잘못된 일은 전혀 아니지.'

그래서 그녀는 수락한다.

여기까지, 누구도 잘못하거나 정도를 벗어난 일은 없다. 하지만 솔직해지자. 유부남이 자기가 평소 매력을 느끼던 미혼 여자 직원과 함께 점심을 먹으러 가는 것이 과연 지혜로운 일인가? 자신과 가정에 대한 그의 미래의 꿈과 희망에 비추어 전혀 무리가 없는가? 그리고 실라의 입장에서, 프랭크와의 점심에서 무엇을 얻을 수 있다는 말인가? 위험이 보상보다 훨씬 크다.

몇 주 후, 팀은 야근 중이다. 저녁 식사 시간이 다가오자 프랭크의 생각은 실라에게 달려간다. 그녀는 대화하기도 편하고 팀의 사내들에 비해 훨씬 세련됐다. 사내들의 욕지거리며 출장비 떼먹은 이야기는 언제나 프랭크의 신경을 건드렸다. 실라와 함께라면 그런 일을 당할 우려가 없다. 이번에도 약간 찜찜하여 망설여지지만 그는 떨쳐내고 이렇게 생각한다. '어차피 다들 먹어야 할 저녁인데, 친구랑 저녁 먹는 게 무슨 잘못인가.'

실라는 기분도 우쭐해지고 배도 고프다. 프랭크는 대화 상대로 편하고, 또 유부남이니까 설령 몸이 슬쩍 부딪혀도 노골적으로 툭툭 치고 다니는 팀 남자들에 비하면 별로 걱정할 것이 없다.

굳이 이야기를 마무리지을 필요가 있을까? 너무 전형적이다. 너무 뻔하다. 그러나 지금 이 시점까지, 누구도 잘못이나 불법이나 부도덕을 범하지 않았다. 하지만 프랭크와 실라가(그리고 그에 해당하는 실존 인물들이) 모르고 있는 것이 있다. 그들이 내리고 있는 결정들은 서로 상관없는 개별적인 것이 아니라는 사실이다. 그들은 길 위에 있다. 어느 방향으로 이동 중이다. 그 방향은 본인들만 빼고 모든 사람에게 훤히 보인다. 만일 당신이 그들의 공상 세계 속에 뛰어들어 둘의 관계에 대해 묻는다면, 그들도 우리 모두 한 번쯤 그랬던 것처럼 반응할 것이다. 걷고 있던 길을 지적받았을 때 우리는 뭐라고 했던가. "나는 아무것도 잘못한 게 없어!" 기만적인 사실이다.

그날 밤

저녁 식사 중 실라는 프랭크의 가족에 대해 묻는다. '이렇게라도 하면 안전한 경계선이 쳐지겠지'라는 생각에서다. 불행히도, 프랭크의 결혼생활은 잘 풀리지 않고 있다. 지난주에 프랭크가 동성 친구에게 고충을 털어놓으려 했을 때 친구는 어깨를 으쓱이고는 화제를 바꾸고 말았다. 그러나 실라는 들어준다. 질문도 던져준다. 뿐만 아니라 프랭크에게 유익한 조언까지 해준다. '아내도 이렇게 자상하면 좋으련만.' 그는 생각에 잠긴다.

이제 둘의 관계가 새로운 차원으로 들어섰음을 프랭크와 실라는 모르고 있다. 자신도 모르게 그들은 경계선을 넘어 친밀함의 변경으로 들어섰다. 친밀해졌나? 그런 것은 아니다. 어느 쪽에서도 신체 접촉은 없었다. 아내가 불쑥 들어선다 해도 프랭크는 깨끗한 양심으로 실라에게 아내를 소개할 수 있다. 그러나 이번 대화로 다른 종류의 관계가 시작되었다. 그리고 관계란 거의 언제나 이번 대화를 바탕으로 다음 대화가 이어지는 법이다.

마감일이 가까워지자 상사가 프랭크에게 팀을 더 작게 3개 조로 나누어 세 부분을 동시에 진행하라고 한다. 프랭크는 팀 명단을 보고 있다. 결정을 내려야 한다. 자기가 실라와 짝이 될 것인가?

이것이 영화라면 이 대목에서 당신은 극장에서 벌떡 일어나 소리치고 싶을 것이다. "안 돼! 달아나! 집으로 가! 다른 일자리를 구해! 자식들을 생각해야지!" 하나님도 우리에게 그런 경고를 외치실 때가 있을까? 그것이 구약에서 선지자들이 한 역할이었다. 대체로 그들은 철창신세가 되었고, 그들의 경고를 받은 사람들은 대체로 끝내 화를 당했다.

여기 명단을 노려보고 있는 프랭크가 있다. 지금 그의 머릿속에서는 이것이 작은 결정이다. 그러나 후에 되돌아보면 가장 후회막급인 결정이 될 것이다. 나중에 백미러로 보면 이날을 다시 무르고 싶어질 것이다. 가장 돌이키고 싶은 결정이 될 것이다.

그는 망설인다. 이번에도, 그래서는 안 된다고 뭔가가 프랭크에게 말한다. 하지만 프로젝트를 같이하는 것이 뭐가 잘못인가? 사실 이왕 함께 작업해온 그들이니 그리 새삼스러울 것도 없다. 논리적으로 안 될 이유는 전혀 없다. 실은, 해도 될 무난한 이유가 대여섯 가지는 된다. 그래서 그는 자기 이름 옆에 실라의 이름을 써넣는다.

좋다, 이야기를 빨리 끝내자.

그날 밤 퇴근길에 프랭크는 실라에게 집까지 태워다주겠다고 제의한다. 그녀는 그를 집 안으로 들인다. 프랭크가 문턱을 넘어서는 순간 둘의 관계는 친밀함의 영토로 더 깊숙이 들어간다. 이번에는 본인들도 느낀다. 이 정도면 업무상의 관계가 전혀 아니다. 철저히 사사로운 관계다. 하지만 아무 일도 없었다. '잘못된' 일이나 '부적절한' 일은 없었다. 몇 분 동안 둘이서 이런저런 이야기를 하다가 프랭크는 떠난다. 그러나 이 시점쯤 되면, 무슨 일이든 벌어질 수 있다.

이튿날 아침, 아내인 달라(Darla)가 프랭크에게 어젯밤 어디에 있다 그렇게 늦었느냐고 묻는다. 실라의 집에 들른 것이 전혀 잘못이 아닌데도 프랭크는 꼭 밝혀야 할 필요성을 못 느낀다. 다시 말하지만, 누구도 아무런 잘못이 없었다. 아무 일도 없었다. 그러나 프랭크가 아내에게 사실대로 말한다면, 그녀는 분명 뭔가 잘못됐다고 생각할 것이다. 자동차를 걸고 내기를 해도 좋다.

왜냐하면 관계란 정지된 것이 아님을 알 만큼 달라가 영리하기 때문이다. 관계란 늘 어딘가로 향하고 있다. 그녀는 이미 '경과된' 일에 반응하지 않고 사태의 '지향점'에 반응할 것이다. 그것이 지혜로운 사람들의(그리고 수상한 낌새를 챈 배우자들의) 사고방식이다.

이틀 후 똑같은 상황이 벌어진다. 이번에는 프랭크가 문간에서 실라를 포옹한다. 잘못된 일임을 둘 다 안다. 그러나 합리화의 수레바퀴가 구른 지 너무 오래되어, 변명이 두 사람의 양심을 삼키고 만다. 나머지 이야기는 당신도 안다. 불온한 도덕성의 이야기다.

14장. 인생의 순리

난간에 얼씬도 하지 마라

프랭크와 실라의 모험이 강조하는 원리가 있다. 삶을 바꾸고 미래를 건져줄 비상한 원리다. 모든 잘못된 도덕적 결정에는 일련의 지혜롭지 못한 선택들이 선행된다.

그날 밤 현관에서 프랭크도 실라도 의지력이 없어 떨치지 못한 그 불가항력의 충동은 일련의 지혜롭지 못한 선택들의 귀결이었다. 그들이 지혜의 길을 택했더라면, 사랑이니 운명이니 하는 착각의 감정들은 아예 존재하지도 않았을 것이다. 흔히 사람들을 몰아가는 다른 모든 실없는 빌미들도 마찬가지다. 일련의 지혜롭지 못한 선택들을 기반으로 하나의 결정이 내려졌고, 그 결정으로 인해 그들의 삶은 난처한 새 방향으로 추락했다.

관계 초기부터 진작 어느 한쪽이나 혹은 둘 다 잠시 멈추어 중요한 질문을 던졌더라면 어떻게 되었을지 상상해보라. 무엇이 지혜로운 길인가?

프랭크와 실라가 옳고 그름의 선을 따지기보다 이 일에 걸려 있는 위험을 과감히 직시했다면 어떻게 되었을까? 어느 한쪽에서 인생 대질문을 던지고 적용할 마음만 있었어도 그들은 이야기의 결과를 돌려놓을 기회가 몇 차례 있었다.

모든 잘못된 도덕적 결정에는 일련의 지혜롭지 못한 선택들이 선행된다.

이해하겠는가?

당신이 도덕적으로 가장 크게 후회했던 일들을 다시 생각해보라. 도덕적인 선을 넘기로 한 당신의 결정은 이미 일련의 선택들로 인해 예정된 것이 아니었던가? 그 선택들이 가장 후회스런 최종 결정으로 이어지지 않았던가? 그리고 당신은 모든 선택마다 "그렇게 하는 것이 무슨 잘못인가"라고 정당화하며 줄곧 그 길로 직행하지 않았던가?

당신 말이 맞다. 대부분의 그런 예비 선택들은 아마 전혀 잘못이 아니었을 것이다. 그러나 돌아보면 너무 분명하지 않은가? '잘못 없는' 하나의 선택이 다음 선택으로 이어져, 결국 유혹은 불가항력이 되고 말았다.

아슬아슬한 난간의 삶

우리 문화에는 우리를 도덕적 재앙의 난간으로 부르는 미끼들이 너무 많다. 그것이 모두 합법적이고 가하고 무난하므로 우리는 미끼를 문다. 우리는 잡지를 읽고, 유선방송 영화를 보며, 사진을 열심히 쳐다보고, 농담에 웃으며, 옷을 입고, 음악을 듣는다.

현실을 직시하자. 순결은 우리 문화의 가치가 아니다. 정숙함도 아니다. 외도에 눈살을 찌푸리는 분위기가 사회에 아직 지배적이지만, 외도를 유발하는 불순한 언행은 사실상 권장되다 못해 심지어 예찬되고 있다. 마찬가지로, 십대의 임신은 여전히 사회악으로 간주된다. 그러나 십대들을 그 방향으로 유도하는 활동, 패션, 음악은 일반적으로 배척되지 않는다. 부모들은 자녀의 성적인 비행에 질색하면서도 거기에 멍석을 깔아주는 활동들에 기금을 내고 있다. 문화를 따라가는 한, 순결과 정숙함은 언제나 백미러에나 비칠 것이다. 그런 선쯤이야 두 번 생각할 것도 없이 넘게 될 것이다. 그리고 일단 선을 넘으면, 성적인 비행은 간단한 결정 하나면 된다.

몇 년 전 이 모두를 새삼 실감한 적이 있다. 나는 포르노와 싸우기 위해 조직된 특별 기구에 참여해달라는 요청을 받았다.

한 시간쯤 토론이 있은 뒤에 나는 손을 들고 물었다. 내게는 뻔한 질문이었다. "우리는 정확히 무엇과 싸우고 있는 겁니까? 포르노가 대체 무엇입니까?"

그들이 내놓은 정의로 당신의 머릿속이나 이 책장을 더럽히고 싶지 않다. 이렇게만 말해두자. 내가 날마다 부딪히되 내 머릿속에 집어넣지 않기로 굳게 다짐한 것들, 내 자녀들을 거기서 보호하려 애쓰는 것들, 이런 것들은 그 그룹의 안중에도 없었다. 그들이 싸우고 있는 대상은 내가 생각하는 단정한 삶의 선을 넘어도 한참 넘었고, 그래서 나는 기구를 탈퇴했다. "이것이 단정함과 책임의 선이라면 이 싸움은 벌써 진 싸움이다." 그런 생각이 들었다.

개인적 차원에서, 우리 각자는 이미 버려진 지 오래된 순결과 정숙함의 기준으로 서둘러 돌아가야 한다. 그렇지 않으면 우리는 언제나 도덕적 재앙의 난간을 맴돌게 될 것이다. 문화는 단정함의 선을 난간 옆에 너무 바짝 그었다. 문화가 내놓는 기준을 받아들이면, 우리의 삶과 관계는 굉장히 위험한 곳에서 이루어질 수밖에 없다.

그러나 인생 대질문은 당신을 안전한 곳, 실수의 여백이 있는 곳으로 인도할 것이다. 예를 들어보자.

문화의 시류에 대항하여

결혼 초부터 나는 우리 가족 이외의 다른 여성과 단둘이 식사를 하거나 차에 타지 않기로 결심했다. 자신들의 혼외 관계가 식사나 출장처럼 악의 없는 일로 시작되었다고 선뜻 인정한 수많은 사람들의 경험에 기초하여 내린 결정이었다. 그 두 활동을 배제함으로써 나는 유혹의 가능한 두 장(場)을 없앤다고 생각했다. 나중에 내 개인적인 계명에 셋째 항목을 추가했다. 혼자서 여성을 상담하지 않기로 결심한 것이다.

내가 이런 결심을 사람들에게 말할 때마다, 고갯짓을 하며 의혹을 내비치는 사람들이 있다. 대다수 사람에게 이것은 비현실적이고 심지어 냉정한 처사처럼 들린다. 모든 사람이 내 기준대로 해야 된다고는 나도 절대 말하지 않겠다. 그리고 위에 말한 어떤 행동도 '잘못'이 아님을 서둘러 인정한다. 그러나 내 결정을 이해하지 못하거나 감정적으로 받아들이는 사람들 때문에 상황이 어색해질 때가 있음에도 불구하고, 아내나 나나 내 결정을 한 번도 후회해본 적이 없었음을 또한 서둘러 밝혀두고 싶다. 지난 세월 나는, 직장생활 초기부터 비슷한 기준을 정해두지 않은 것을 후회하는 사람들을 많이 보았다.

그렇게 비현실적으로 극단까지 가는 이유는 무엇인가? 모든 후회스런 도덕적 결정에는 일련의 지혜롭지 못한 선택들이 선행되기 때문이다. 지혜롭지 못한 선택이지만 당장은 눈살이 찌푸려지지 않고, 문화적으로 세뇌된 우리 양심에도 가책이 느껴지지 않는다. 절대로 넘어갈 의도가 없는 일정한 선은 누구에게나 있기 마련이다. 하지만 그 선을 난간에 너무 바짝 긋는 까닭은 무엇인가? 기준을 정하되 그 기준을 무시하고픈 인력(引力)이 불가항력처럼 보이는 곳에 정할 까닭이 굳이 무엇인가?

남자들이여, 정말 미련한 질문을 하나 던지겠다. 상대에게 점심을 청하고 싶은 유혹을 떨치는 것과 당신을 자기 집에 들어오게 한 매력적인 여자를 포옹하고 싶은 유혹을 떨치는 것 중 무엇이 더 어려운가? 앞 장에서 내가 비웃었던 "어쩔 수 없었다"는 변명을 기억하는가? 어떤 일에든 그것이 왜 그리 초라한 변명인지 알겠는가? 그 상황에서 우리가 '어쩔 수 없는' 것은 당연하다. 이미 재앙의 벼랑까지 제 발로 와 있으니 말이다.

여자들이여, 점심 초대를 거부하는 것과 술을 두어 잔 마신 후 심야에 당신 집으로 불러들인, 당신이 홀딱 반한 남자의 접근을 거부하는 것 중 무엇이 더 어려운가? 당신은 "하지만 너무 깊이 들어갈 마음은 없다"고 항변하리라. 물론 그럴 것이다. 사실, 너무 깊이 들어간 사람 치고 너무 깊이 들어갈 의도가 있었던 사람은 아무도 없다. 그랬기 때문에 너무 깊이 들어간 것이다. 남자고 여자고 너무 깊이 들어갈 의도는 없었고, 따라서 화를 부르지 않겠다는 자신의 의도를 믿었다.

미몽에서 깨어나라! 지금 후회되는 어떤 상황에도 당신은 제발로 들어갈 의도가 절대 없었다. 그렇지 않은가? 당신의 재정적, 도덕적, 직업적, 관계적 후회는 모두 본의 아니게 발생했다. 결혼을 망치려고 의도하는 사람은 아무도 없다. 빚더미에 묻히려고 의도하는 사람은 아무도 없다. 직업을 절단내려고 의도하는 사람은 아무도 없다. 자녀들에게서 소외되려고 의도하는 사람은 아무도 없다. 무엇에든 중독되려고 의도하는 사람은 아무도 없다. 의도는 유혹과 후회를 막는 방어로서는 매우 무력하다. 당신 자신의 경험이 그 사실을 입증해준다. 삶의 어느 분야든 결승선을 넘으려면 선한 의도 이상이 필요하다.

화를 부르기로 계획하는—의도하는—사람은 우리 중 아무도 없다. 문제는, 화를 부르지 않겠다는 계획이 우리에게 없다는 것이다. 인생 대질문을 수용하면 그 계획을 세울 수 있다. 인생 대질문은 우리의 의도에 날개를 달아준다. 이기기 힘들 것 같은 문화의 시류에 대항하여 우리의 소신을 고수할 지렛대가 되어준다.

어떻게 그럴 수 있는지 살펴보자.

15장

극단적 조치

안전제일 구역

인생 대질문은 당신을 후회할 결정의 벼랑에서 끌어내 안전지대로 데려다준다. 이 사실 하나로도 성(性)의 영역에서 인생 대질문을 무시하기가 그토록 쉬운 이유로 충분하다. 당신처럼 나도 삶을 어느 한 부분이라도 놓치고 싶지 않다. 그래서 내 본능적 성향은 "옳고 그름의 선이 어디냐?"고 묻는다. 일단 선이 정해지면, 나는 그 선과 친해져 아예 거기 눌러앉으려 한다. 그렇지 않으면 뭔가 좋은 것을 놓칠 게 아닌가.

그러나 동시에 나는 두고두고 고통당할 일이라면 아무것도 하고 싶지 않다. 하늘 아버지를 기쁘시게 해드리고 싶은 마음도 있는 것이다. 그래서 일단 선이 어딘지 알면, 나는 그 선을 넘지 않으려 한다. 그러나 이런 접근법의 문제는 실수의 여백이 없다는 것이다. 삶의 대다수 영역에서는 문제가 안 된다. 제한 속도가 시속 90킬로미터이면 나는 시속 90킬로미터로 달린다. 잠시 다른 생각을 하느라 나도 모르게 고속도로를 95킬로미터로 질주한다고 해도 해가 될 것은 없다. 속도를 늦추면 그만이다. 내가 열여섯 살 때 귀가 시간은 자정이었다. 나는 정각 자정에 집에 도착하려고 애써 시간을 맞추곤 했다. 자신에게 실수의 여백을 주지 않은 것이다. 몇 분쯤은 늦어도 문제없었고 혼나지도 않았다. 다이어트 지침을 하루쯤 어긴다고 문제될 것은 없다. 다음 날부터 원래대로 돌아가면 된다.

그러나 성적인 선을 넘으면 언제나 대가가 따르며, 평생 가는 경우도 있다. 삶의 이 특정 분야에서 '선'을 무시하면 아이들은 아버지 없이 자라야 할 수 있다. 여자들은 혼자 힘으로 생계를 꾸려가며 자식을 키워야 할 수 있다. 남자들은 머릿속의 지워지지 않는 영상 때문에 늘 시달리며 살아야 할 수 있다. 젊은 여자들은 결혼 첫날밤 남편에게 자신의 전부를 내줄 기회를 잃을 수 있다. 남자들은 자기 아내를 과거에 동침했던 다른 여자들과 비교하지 않으려고 애를 먹을 수 있다. 불치병의 짐을 안고 살아야 할 수 있다. 내 친구 세 명의 경우처럼, 성적인 선을 넘으면 목숨을 잃을 수도 있다. 그 죽음으로 가정에는 빈자리가 생기고, 어머니는 자식을 잃어 애통하며, 형제자매는 넋을 잃는다.

HIV(에이즈를 일으키는 바이러스-편집자 주) 전염병의 경우, 사람들이 도덕적인 선을 넘은 결과로 수십만에 달하는 집 없는 아이들이 생겨났다.

한마디로 말하겠다. 도덕적인 면에서 자신에게 실수의 여백을 남기지 않는 것이야말로 당신이 사랑하는 사람들에게 저지를 수 있는 가장 잔혹한 일이다. 관계적으로 그것은 죽음을 자초하는 일이다. 최악의 교만이다. 회복 중인 알코올중독자가 술집에 들어가 바텐더 앞에 앉아 자기 행동을 늘 이런 변명으로 정당화하는 것과 다를 바 없다. "마시지만 않으면 되지 여기 있는 것이 무슨 잘못인가."

실수의 여백 만들기

도덕적인 경계선을 정할 때는 돌아올 수 없는 지점과 멀찌감치 안전거리를 두고 정하는 것이 지혜다. 실수로 한 번 어겨도 결과가 미미할 정도로 재앙의 벼랑에서 아주 멀어야 한다. 특정한 환경에서 여성과 단둘이 있지 않겠다는 내 결심도 그래서 나왔다.

행여 당신이 나를 구제불능의 사회부적격자로 볼까봐 다음에는 소개하기가 망설여진다. 그러나 이왕 절반 이상 읽은 책이니 끝까지 독파하는 게 좋을 것이다. 우선 단서를 붙이고 싶다. 다른 사람들도 나처럼 해야 된다는 말은 절대 아니다. 내게 지혜로운 길이라 생각되어 취한 조치의 한 예일 뿐이다.

나이 서른이 될 때까지 내게는 텔레비전이 없었다.

나는 정말 괴짜일까?

대학원 시절에 나는 혼자 살았는데, 유선방송을 신청하면 내 아파트에 무엇이 들어올지 잘 알았다. 나는 그런 유혹을 상대하고 싶지 않았고, 그래서 텔레비전을 사지 않았다. 대학원 졸업 후 나는 애틀랜타에 근사한 아파트를 샀다. 부모님이 내게 벚나무 목재로 된 멋진 텔레비전 장(欌)을 주셨다. 그래도 나는 4년 후 샌드라와 결혼할 때까지 텔레비전을 구입하지 않았다.

내게 텔레비전을 주려 한 사람들이 얼마나 많았는지 모른다. 그들은 장을 열고는 "텔레비전은 어디 있나?"라고 묻곤 했다.

"없네."

"없어?"

"응."

"우리 집에 하나 더 있는데 그걸 쓰지."

아무도 이해하지 못했고 나도 설명하려 하지 않았다. 그러나 텔레비전을 사고 싶은 유혹을 떨치는 것이 방송 내용을 통제하는 것보다 쉽다는 것을 나는 경험으로 알았다.

지금 내가 그 결정을 후회할 것 같은가? 그 시절을 돌아보며, 텔레비전만 있었어도 10년 내내 내 삶이 더 풍성했을 거라고 생각할 것 같은가? 천만의 말이다. 텔레비전을 장만했다면 잘못일까? 아니다. 그러나 그때의 내 판단으로 그것은 지혜롭지 못한 일로 느껴졌다. 지금 내가 생각하기로 그것은 내 평생 최고의 결정 중 하나였다.

극단적인가? 맞다. 그러나 도덕적인 실패의 극단적 여파를 감안할 때, 극단적 조치가 적절하지 않은가? 입장을 바꾸어 다른 렌즈로 보자.

당신은 지금의 배우자나 혹은 장래에 배우자가 될 사람이 불필요한 성적 유혹에서 자신을 지키는 일에 얼마나 극단적이면 좋겠는가? 책을 덮고 잠시 생각해보고 싶어질지도 모르겠다. 이 질문에 대한 당신의 답은 자기기만의 안개를 걷어내는 데 도움이 될 것이다. 결국 당신의 배우자에게 적절한 것이 당연히 당신에게도 적절한 것이다.

생각해보라. 외도든 성중독이든 당신의 성적 문란으로 가정이 깨지면 자녀들은 온갖 후유증을 겪어야 한다. 거기서 자녀들을 지켜주기 위해 당신은 어느 극단까지 갈 용의가 있는가? 자녀들이 깨어진 가정의 정서적 후유증에 시달릴 필요가 없도록 보장해주기 위해 당신이 기꺼이 취할 조치는 무엇인가?

걸려 있는 위험에 비추어 무엇이 당신에게 지혜로운 길인가? 당신이 원하는 가정과 결혼생활에 비추어 무엇이 지혜로운 길인가? 도덕적 실패에 따르는 극단적 여파에 비추어 당신이 기꺼이 취할 극단적 조치는 무엇인가? 가장 중요한 것들을 보호하기 위해 당신은 어느 극단까지 갈 용의가 있는가?

저항의 이유들

그렇다. 사람들은 웃을 것이고, 가까운 친구들이 이해해주지 못할 수 있다. 사태가 꼬일 때도 있고, 언제나 편하지는 않을 것이다. 당신에게 가족이 정말 중요한 존재라는 무언의 메시지가 그들에게 전달될 것이다. 그러나 당신은 절대 후회하지 않을 것이다.

깨어진 사람들과 더불어 상상 가능한 모든 시나리오를 힘들게 지나본 경험을 통해 내게 든 생각이 있다. 간섭처럼 느껴질지 모르지만, 기혼자의 삶 속에 도덕적 실패의 씨앗이 뿌려지는 가장 위험한 상황 5가지를 말하는 것도 유익할 것 같다. 그 전에 미리 밝혀두지만, 이 가운데 어느 것도 잘못된 일은 아니다.

이성을 상대로 온라인 채팅을 하는 것

퇴근 후 이성과 함께 저녁 식사를 하는 것

이성에게 개인 훈련을 받는 것

이성을 상담하는 것

남편들은 집에 있고 여자들만 밤에 댄스 파티에 가는 것

나는 이 다섯 가지 상황에서 비롯된 단장의 아픔을 너무 많이 보았기 때문에, 그것을 내 인생의 대안들에서 제외시키기가 쉽다. 다섯 번째가 특히 그렇다. 나는 아예 초대받는 일도 없다.

각자 자신을 무사히 지켜줄 기준을 정하는 것이 지혜다. 이 경계선은 후회의 선에서 아주 멀어야 한다. 실수로 한 번 넘어가도 대가가 없거나 미미할 정도로 멀어야 한다. 경계선을 정해두면 신기한 역학이 벌어진다. 당신이 정해둔 인위적 기준에 당신의 양심이 철썩 들러붙는다. 자체적인 규율을 하나라도 어기면 당신은 죄책감이 든다. 그리고 위험도가 낮은 그 죄책감은 당신이 위험지대로 나서고 있음을 지적해주는 역할을 한다.

양심의 순화

언젠가 나는 리더십 수련회의 강사로 샌드라와 함께 달라스

에 간 적이 있다. 라디오와 텔레비전 방송국 몇 곳을 돌며 행사 홍보 인터뷰를 할 수 있도록 하루 일찍 와달라는 부탁을 받았다. 운전기사가 오전 8시에 호텔로 와서 종일 나를 태우고 다닐 것이라고 했다. 나는 운전기사가 당연히 남자려니 했다. 그래서 뭐든 확인이 필요하다. 한편 샌드라는 그날 친구와 함께 쇼핑을 가기로 했다.

그날 아침 나는 정해진 시간에 호텔 밖으로 나가 차를 기다렸다. 호텔 앞에 멋진 흰색 렉서스가 서 있고 여자 혼자 운전석에 앉아 있었다. 그런 생각이 들었다. '멋진 흰색 렉서스가 있고 운전석에 여자가 앉아 있구나. 내 차는 어디 있지?'

서서 기다리고 있는데, 잠시 후 여자가 차에서 내리더니 내게 말했다. "당신이 앤디 스탠리입니까?"

나는 그렇다고 했다.

"제가 운전기사입니다." 여자는 말했다.

갑자기 나는 몹시 불편해졌다. 왜 그랬을까? 차 안에 여자와 단둘이 있는 것이 죄여서 그랬을까? 아니다. 전혀 그게 아니었다. 내가 불편했던 이유는 내 양심이 나 스스로 정해둔 기준에 길들어 있었기 때문이다. 내가 선뜻 타지 못하고 쭈뼛거리는 것을 그녀도 분명히 느꼈다.

나는 그녀를 난처하게 하고 싶지 않아 일단 차에 올라 첫 약속 장소로 갔다. 기분이 정말 이상했다. 짬이 나자마자 나는 샌드라에게 전화해 사태를 알렸다. 내가 전화통을 붙잡고 어찌나 전전긍긍했던지 아내는 웃었다. 설상가상으로, 여자는 계속 사람들에게 자신이 내 운전기사라고 소개하고 다녔다. 반면, 나는 만나는 사람들마다 평소에 내가 여자와 단둘이 차에 타지 않는 사람이라고 말해야 할 것만 같았다. 사실을 밝혀도 그런 일에 신경 쓰는 사람은 나밖에 없었다. 아무도 다시 생각하지 않았다. 그러나 나는 온종일 불편했다. 그리고 그랬기를 다행이다.

인생 대질문을 통해 당신이 행동의 경계선을 어디에 정하든, 당신의 양심도 그곳에 둥지를 튼다.

어쩌면 당신은 내가 약간 과잉 반응을 하고 있지 않나 생각할지 모른다. 이 모두를 내가 너무 심각하게 대하고 있다고 생각할지 모르겠다. 당신이 옳을 수도 있다. 나는 과잉 반응을 하고 있을 수도 있다. 그러나 미온적으로 반응했다가 혹독한 대가를 치른 사람들을 너무 많이 만나본 나로서는 차라리 지나치게 조심하는 쪽을 택하고 싶다. 그리고 엄숙히 말하는데, 성경을 읽어보면 우리의 하늘 아버지도 우리가 지나치게 조심하는 쪽을 원하시는 것 같다.

16장.
피하라!

삼십육계의 지혜

고린도는 성적 문란함에 대해 관대하기로 유명한 도시였다. 바울은 그 도시에 사는 그리스도인들에게 보낸 서신에서 이렇게 썼다.

"성적 부도덕에 관하여는 온갖 호색과 음란을 좇되 단, 하나님과 배우자에게는 정절을 다하라. 남편들아 정욕을 품고 여자들을 실컷 바라보되 단, 금지된 것에는 손대지 말라. 아내들아 주변 남자들의 정욕을 자극하는 옷차림을 하되 단, 행동으로는 남편에게 정절을 지키라."

이것은 고린도후서 다음에 보낸 유실된 서신에 나오는 말이다.

농담이다. 가서 찾아보라. 그런 말은 없다. 그러나 우리의 시각을 꽤 정확히 보여주는 말 아닌가?

사실 바울이 한 말은 훨씬 간명하다. "음행(성적 부도덕)을 피하라"(고전 6:18).

"피하다"로 번역된 헬라어 단어는 말 그대로 '피하다'이다. '반대쪽으로 최대한 빨리 달아나다'는 뜻이다. 틀림없이 당신도 평생에 뭔가를—달려오는 차, 이웃집 개, 수비수, 누나 등을—피한 적이 있을 것이다. 피한다는 게 무엇인지 모르는 사람은 없다.

초등학교 3학년 때 나는 장난감 화살로 누나를 쏘았다. 아빠가 화살을 들고 온 집 안으로 나를 쫓기 시작하셨다. 나는 피했다. 아빠한테 화살로 맞지 않으려고 화장실로 들어가 변기에 앉았다. 불행히도 마침 뚜껑이 열려 있어 잠옷 바람으로 변기에 쑥 빠졌다. 발까지 쏙 들어가게 되어 있는 내가 제일 좋아하는 잠옷이었다. 아빠는 배꼽을 잡고 웃으시느라 매를 드실 수 없었다.

초등학교 5학년 때의 일이다. 친구랑 같이 목장을 걷다가 문득 앞을 보니 소 떼가 우리 쪽으로 우르르 달려오고 있었다. 우리는 피했다. 철조망까지 가서는 겨우 밑으로 굴러 사고를 면했다.

피하는 것과 관련된 감정이 있다. 두려움이다. 우리는 위험이 있음을 알기에 피한다. 두려움 때문에 피한다. 우리가 성적 부도덕을 피하지 않는 이유는 두려운 줄 모르기 때문이다. 우리는 내가 알아서 할 수 있다고 순진하게 믿는다. 그래서 피하는 대신 그것을 가지고 장난한다. 그 옆에 바짝 다가붙는다. 난간을 빙빙 돌며 춤춘다. 어쨌거나 아무 잘못도 없는 일 아닌가.

소 떼가 당신 쪽으로 우르르 달려오는데 탁 트인 목장 한복판에 서 있는 것도 전혀 잘못된 일이 아니다. 성경에 그런 행동을 금하는 말씀은 한 구절도 없다. 그런 주제의 설교를 나는 들어본 적이 없다. 사실 당신이 거기 서 있을 수 있는 권리가 헌법에 보장되어 있다. 그럼에도 불구하고 그것은 미련한 짓이다. 교훈을 배울 즈음이면, 이미 그 교훈을 적용할 기회가 당신에게 다시는 없을 것이다.

별도의 범주

바울은 "음행을 피하라"는 두 단어의 경고로 그치지 않는다. 이어진 그의 말은 신약성경에 나오는 가장 심오한 말씀 중 하나다. "사람이 범하는 죄마다 몸 밖에 있거니와 음행하는(성적인 죄를 짓는) 자는 자기 몸에 죄를 범하느니라."

성적인 죄는 별도의 범주다. 가장 위험한 종류의 죄다. 웬만큼 상담을 해본 사람이면 누구나 아는 사실이다. 성적인 죄는 남녀 불문하고 영혼을 파멸시킨다. 뼈저린 수치심과 막급한 후회가 종종 삶의 모든 면에 스며든다. 성적인 죄를 지은 남녀들은 하나님의 용서를 어렵사리 받아들여도 오래도록 자신을 용서하지 못해 씨름한다. 내가 왜 애써 삼인칭을 사용하고 있는지 모르겠다. 자신의 경험이든 주변 사람의 경험이든, 우리 모두 개인적인 경험을 통해 알고 있는 사실이다.

그러니 피하라! 머뭇거리지 마라. 뒤돌아보지 마라. 버티려 하지 마라. 가지고 장난하지 마라. 자신을 속이지 마라. 강해지려 하지 마라. 달아나라! 똬리를 튼 뱀처럼 성적인 유혹도 유효 사거리가 꽤 멀다. 당신은 절대 생각만큼 안전하지 못하다.

삼십육계의 기초

당신이 겪은 과거의 경험, 현재의 상황, 미래의 꿈과 희망에 비추어 삶의 이 부분에서 후회를 피하려면 무엇이 당신에게 지혜로운 길인가?

당신의 과거가 도덕적 실패로 얼룩져 있다면, 경계선을 유난히 보수적으로 정하는 것이 지혜로울 것이다. 당신의 과거는 당신이 이 분야에서 일반 사람들보다 더 취약하다는 사실을 지적해준다. 따라서 당신은 일반적인 경계선으로 만족할 수 없다.

그동안 나는 그리스도를 믿기 전에 성적으로 아주 문란했던 청년들과 수많은 대화를 나누었다. 그들의 과거 경험으로 볼 때, 데이트는 섹스와 거의 동의어였다. 섹스가 데이트의 목표이다시피 했다. 그리스도를 믿게 되었다고 그런 성벽이 자동으로 사라진 것은 아니다.

그런 과거를 지닌 남녀들에게 내가 들려주는 조언은 언제나 똑같다. 1년 동안 데이트를 하지 말라는 것이다. 나는 그들에게, 달력을 꺼내놓고 1년을 내다보며 날짜에 동그라미를 치게 한다. 그들은 언제나 똑같은 불신의 시선으로 나를 노려본다. 듣는 사람들도 있고 듣지 않는 사람들도 있다. 듣는 사람들은 돌아와 내게 감사한다. 듣지 않는 사람들은 돌아오지 않는다.

왜 1년인가? 너무 심하지 않은가? 그렇다. 하지만 이 도전을 받아들였던 사람들이 당신에게 말해줄 것이다. 그 1년 동안 하나님이 마음을 준비시켜주신 덕에 그들은 관계에 대해 완전히 달라진 시각으로 다시 로맨스의 세계에 나설 수 있었다. 이들 젊은 남녀 중 다수는 지금 결혼하여 행복하게 살고 있다. 데이트를 하지 않겠다던 자신의 결심을 그들은 인생의 결정적인 순간으로 보고 있다.

항상 자신을 감시해줄 동성 룸메이트를 구한 숙녀들을 나는 알고 있다. 불필요한 유혹을 피하려고 다시 본가로 들어간 젊은이들도 알고 있다. 인터넷 서비스를 해약한 청년들도 알고 있다. 이들은 자신의 과거 때문에 인생 대질문에 극단적인 조치로 반응한 사람들이다. 친구들은 웃었지만 그들은 자유를 얻었다.

미리 정해둘 것

앞서 말했듯, 인생 대질문 덕에 우리는 화를 부르지 않기로 계획할 수 있다. 이 질문을 던지면 이기기 힘들 것 같은 문화의 시류에 대항하여 우리의 소신을 고수할 수 있다. 인생 대질문을 성적인 순결 분야에 적용하면, 우리는 과거와 깨끗이 결별하고 계획적으로 꿈과 희망을 향하여 전진할 수 있다.

그러나 이 강력한 원리를 활용하려면 몇 가지 미리 정해둘 것이 있다. 우선 무엇이 적절한 환경이고 무엇이 적절한 환경이 아닌지 미리 정해두어야 한다. 당신이 미혼이라면, 데이트 중 신체 접촉을 어디까지 할 것인지 미리 정해두어야 한다. 오락의 종류도 미리 정해두어야 한다.

　이 모두가 당신에게 약간 심해 보일지 모른다. 극단적이거나 심지어 율법적으로 보일 수도 있다. 그러나 나는 안다. 자신의 도덕적 문란에 대한 대가를 치를 때 남자들과 여자들과 십대들이 이구동성으로 하는 말이 있다. "되돌아가 그 일을 돌이킬 수만 있다면 무엇이든, 정말 무엇이든 하겠다."

　무엇이든? 약간 극단적인 것 아닌가? 그들의 생각은 그렇지 않다. 아마 당신도 인생의 어떤 순간을 되돌릴 수만 있다면 극단적인 조치도 불사할 것이다. 그렇다면 미리부터 극단적인 예방 조치를 취하지 못할 까닭이 무엇인가? 극단적인 희생으로도 과거를 지울 수 없는 현실에 뒤늦게 봉착할 필요 없이 말이다.

　당신이 이런 것들을 미리 정해두지 않으면, 다른 사람이 정한 대로 따라가게 된다. 당신의 기준이 없으면, 다른 사람이 당신에게 자신의 기준을 강요할 것이다. 넘어서는 안 될 선이 있다는 것은 모든 사람의 공통된 생각이다. 당신은 당신이 겪은 과거의 경험, 현재의 상황, 미래의 꿈과 희망에 비추어 스스로 정해둔 경계선 안에서 관계를 진행해야 한다.

　당신의 삶에 인생 대질문을 더 일찍 수용했다면, 아마도 인생에서 가장 후회되는 일들은 피할 수 있었을 것이다. 지금 수용한다면, 미래에 후회할 일들을 피할 수 있다. 인생 대질문을 통해 당신은 본래 하나님이 인류에게 성이라는 귀한 선물을 주셨을 때 의도하신 바를 누릴 수 있다.

디자이너가 주는 선물

태초에 하나님은 천지만 창조하신 것이 아니다. 태초에 하나님은 성을 창조하셨다. 성은 그분의 아이디어다! 하나님은 선하신 분 아닌가? 뿐만 아니라, 성을 창조하신 후 하나님은 그것을 우리에게 선물로 주셨다. 당신은 하나님께 감사한 것이 많을 것이다. 하지만 성이라는 선물에 대해 그분께 감사해본 적이 있는가?

그분은 섹스를 우리에게 선물로 주셨고, 그 선물에 지침이 따라왔다. 여론과는 반대로, 이 디자이너가 주는 선물의 사용 지침은 우리의 경험을 위축시키기 위해서가 아니라 강화시키기 위해서 마련된 것이다. 하나님은 섹스를 반대하지 않으신다. 오히려 전적으로 찬성하신다. 그분이 정해주신 기준은 그분이 당신을 위하신다는 증거다. 그 경계선 안에서 남자와 여자는 육체적 만족을 훨씬 능가하는 그 무엇을 경험할 수 있다. 섹스를 하나님이 원래 의도하신 방식대로 즐기면, 그 결과는 친밀함이다.

하나님의 지침을 무시하면, 우리는 섹스를 통해 강화되도록 되어 있는 바로 그 부분, 곧 친밀함을 대가로 치른다.

그래서 우리는 구속(拘俗)과 해방이 공존하는 이 질문을 다시 던진다. 무엇이 지혜로운 길인가?

내 과거의 경험에 비추어 무엇이 앞으로 전진하기 위해 지혜로운 길인가? 지금 현재 내 삶에서 이루어지고 있는 일―결혼 생활의 건강 상태, 현재 데이트하고 있는 관계의 특성―에 비추어 무엇이 지혜로운 길인가? 그리고 미래―자녀들에게 남겨주고 싶은 정신적 유산, 행복한 백년해로의 전망, 장래 배우자에게 들려주고 싶은 이야기―를 심사숙고할 때 무엇이 지혜로운 길인가?

그렇다, 지혜로운 길을 가는 것이 늘 쉽지만은 않다. 그러나 그것이 가치 있는 길임을 알 만큼 이미 당신은 인생 경험이 충분하다.

5부

물어보는 지혜

17장. 숨바꼭질

지혜의 길이 보이지 않을 때

나는 늘 손에 펜을 들고 책을 읽기 때문에 여백에 질문을 적는 일이 드물지 않다. 그러다 뒷부분에서, 저자가 내 질문을 예상하고 다루어놓은 것을 보면 늘 고마움을 느낀다. 당신도 이 책이 끝나기 전에 답이 나왔으면 하는 질문이 한두 가지, 혹은 열 가지쯤 있을지도 모르겠다.

그중 하나는 "지혜로운 길을 모를 때는 어찌해야 하나?"일 것이다. 인생 대질문을 던지면 언제나 선택의 대안이 좁혀지지만 그렇다고 꼭 하나로 떨어지는 것은 아니다. 그럴 때는 어찌할 것인가? 진심으로 지혜로운 길을 갈 각오는 되어 있는데 대안들 중 어느 것이 지혜로운 길인지 확실치 않을 때는 어찌해야 하는가?

감정이 훼방할 때

지혜라고 항상 금방금방 보이는 것은 아니다. 순간의 감정이 지혜로운 선택을 흐려놓을 때가 많다. 정서적으로 흥분된 상황은 인생 대질문에 답하는 데 도움이 되지 않는다.

순간의 기분으로 결정했다가 나중에 후회한 경험은 누구나 다 있다. 사람, 제품, 기회에 흥분하면 우리의 시각이 비뚤어진다. 노련한 판매원은 제품에 당신의 감정을 끌어들일 줄 안다. 감정 때문에 똑바로 보고 똑바로 생각하고 똑바로 결정하기 어려울 수 있다. 사랑, 욕망, 돈, 위기가 개입된 경우는 거의 언제나 그렇다. 이는 정서적으로 중립적인 상황이 아니다.

나중에 후회하는 결정들은 대부분 감정이 고조된 상태에서 내린 것들이다. 당신이 가장 후회하는 결정도 정서적으로 흥분된 순간에 내린 것이 아닐까 싶다. 당신은 그때 지혜로운 길을 파악할 수 없었을 뿐 아니라 별로 개의치도 않았다.

'하지만 난 그 남자를 사랑해!'
'저 여자를 한번 봐!'
'시속 200킬로미터로 달릴 수 있는 차라고!'
'방이 다섯 개나 되는 집인데!'

'수익률이 40퍼센트나 돼!'

'보증금이 필요 없대!'

부정적인 감정은 우리의 정서적 균형을 무너뜨린다. 우리는 다 분노, 탐욕, 죄책감, 외로움, 시기심에 휩싸여 지혜롭지 못한 결정을 내린 경험이 한두 번이 아니다. 사실, 고통스런 감정이 고조되면 우리는 지혜로운 결정 따위에 별로 개의치 않고 대체로 기분 내키는 대로 한다. 고통에서 벗어나게 해줄 활동들로 끌리기 마련인데, 바로 거기에 문제가 있다. 감정이 날뛸 때는 지혜의 목소리를 분간하기가 거의 불가능하다.

다 아는 사람은 없다

지혜를 놓치게 되는 요인은 감정적으로 흥분된 상황만이 아니다. 우리의 무지―전문 지식의 부족―도 지혜를 요원하게 한다. 결정은 내려야 하는데 우리의 훈련 부족, 교육 부족, 경험 부족 때문에 여러 정당한 대안들을 정리하는 건 고사하고 그것들을 파악하는 것조차 거의 불가능한 상황들이 있다. 안타깝게도 부모, 배우자, 이사, 기업주 등의 역할 때문에 우리는 자신의 전문 능력 밖의 특수 분야에서 결정을 내려야만 하는 위험한 입장에 처할 때가 많다.

목사로서 나도 늘 그런 상황에 부딪힌다. 부서 회의에 동석하거나 때로 회의를 진행하면서 나는 부동산, 건축, 하수도 설비, 통행권, 현금 조달, 자재, 이자율 등 수많은 경영 관련 문제들에 대한 결정을 내려야 할 때가 한두 번이 아니다. 회의는 매번 아주 비슷하게 마무리된다. 실내의 모든 똑똑한 남녀들은 결정 사안에 대해 각자 자신의 의견을 개진한 뒤 일제히 나를 보며 말한다. "그러니 목사님 생각은 어떻습니까?"

내 생각으로 말하자면 내게 휴가가 필요하다는 것이다.

재무 보고서를 10년 넘게 보면서도 나는 손익 계산서의 괄호가 좋은 건지 나쁜 건지 아직도 모른다. 내 아내는 안다. 나는 내 수입과 지출도 잘 계산할 줄 모른다. 우리 아이들이 초등학교 4학년만 되면 나는 더는 수학 숙제를 도와주지 않는다. 숫자에 관한 한 나는 온종일 지혜를 달라고 기도할 수 있다. 하지만 내게 정말 필요한 것은 경영학 석사 학위(MBA) 소지자다.

경영상의 지혜로운 결정에 대한 준비는 내 신학 공부로 되지 않았다. 그럼에도 불구하고 담임목사로서 나는 교회 경영을 책임지고 있다. 내가 준비된 일이든 아니든, 교회라는 단체가 지혜의 길을 가게 하는 것이 내 책임이다.

한계에 도달할 때

결국 누구나 자신의 한계에 부딪히게 마련이다. 지혜로운 결정을 내려야만 하는데 철저히 부족하다고 느껴지는 상황들에 우리는 처하게 된다. 부모들이여, 첫아이를 병원에서 집으로 데려오던 날을 기억하는가? 부족하다는 건 바로 그런 것이다. 신혼 첫해는 어떠했던가? 집을 처음 사던 때가 생각나는가? 당신은 수백 장의 서류에 서명했지만 굳이 읽어보지는 않았다. 어차피 무슨 소리인지 모를 줄 알았기 때문이다.

그러니 길을 알아야만 하는 상황인데 모를 때는 어떻게 해야 하나? 지혜는 멀기만 한데 모두들 당신만 쳐다보면서 당신이 지혜로운 길을 가주기만 바라고 있을 때는 어찌할 것인가?

지혜로운 사람들은 어떻게 하는지 내가 말해주겠다. 그들은 아무것도 하지 않는다.

지혜로운 사람들은 자기가 언제 모르는지를 알며, 모르면서 아는 척할 만큼 미련하지 않다. 결국 그들은 결정을 내리고 일을 진행한다. 그러나 가장 잘 지켜진 비밀을 활용한 후에야 그렇게 한다.

18장.
무엇을 모르는지 알라

가장 잘 지켜진 비밀

당신에게 온 세상 지혜로운 남녀들이 가장 잘 지켜온 비밀을 일러줄 테니 펜이나 매직을 꺼내기 바란다. 그들은 이 방법으로 지혜로워졌고, 이 방법으로 계속 지혜롭게 보인다. 자신에게 전문 지식이 없는 특수 분야에 대해서도 그들은 이 방법으로 용케 지혜로운 결정을 내린다. 그리고 결정 상황에서 감정이 격할 때에도 그들은 이 방법으로 지혜로운 결정을 내린다. 준비되었는가?

지혜로운 사람들은 자기가 모를 때가 언제인지 알며, 그것을 아는 사람들에게 서슴없이 간다. 지혜로운 사람들은 자신의 한계에 부딪히면 걸음을 멈추어 도움을 청한다.

자신의 경험적, 학문적, 정서적 한계에 관한 한 이것이 지혜로운 사람들의 일반 원칙이다. 그들은 자신을 속이지 않는다. 척하지 않는다. 실제보다 똑똑한 것처럼 행세하지 않는다. 그들은 자신의 한계를 안다. 자신이 무엇을 모르는지 안다. 그리고 그것을 아는 사람을 꼭 알아둔다.

이것은 어딘지 직관에 반하는 것 같다. 지혜로운 사람에게 지혜가 필요하다? 말이 안 되는 것 같다. 조언을 구해야만 한다면 지혜가 무슨 소용인가? 외부로부터의 입력이 필요하다면, 그것은 애당초 당신이 지혜롭지 못하다는 증거 아닌가?

아니다. 지혜로운 남녀들은 다른 사람들의 조언을 자주 구한다. 그것이 지혜로운 길이기 때문이다. 이 단순하면서도 흔히 무시되는 원리를 솔로몬도 지지했다.

가장 지혜로운 사람

성경에 따르면 솔로몬은 역사상 가장 지혜로운 사람이었다. 젊어서 왕이 된 그는 왕으로서 자신이 감당해야 할 책무에 아찔했다. 그러던 어느 날 밤, 하나님이 꿈속에 나타나 아주 특이한 제안을 하셨다. "내가 네게 무엇을 줄꼬 너는 구하라"(왕상 3:5).

상상해보라! 하나님이 십대 소년에게 나타나 무엇이든 원하는 대로 주겠다고 하신다. 당신이라면 무엇을 구했겠는가? 하나님은 솔로몬에게 백지수표를 주시며 "금액을 써넣어라"고 하셨다. 솔로몬은 이렇게 대답했다.

> "나의 하나님 여호와여 주께서 종으로 종의 아버지 다윗을 대신하여 왕이 되게 하셨사오나 종은 작은 아이라 출입할 줄을 알지 못하고 왕께서 택하신 백성 가운데 있나이다 그들은 큰 백성이라 수효가 많아서 셀 수도 없고 기록할 수도 없사오니 누가 주의 이 많은 백성을 재판할 수 있사오리이까 듣는 마음을 종에게 주사 주의 백성을 재판하여 선악을 분별하게 하옵소서"(왕상 3:7-9).

나도 솔로몬과 똑같은 것을 구했을 것 같다. 글쎄, 아닐지도 모르겠다. 사실 '지혜로운 마음'은 내 머릿속에 떠오르지도 않았을 것이다. 그래서 하나님은 내가 열여섯 살 때 내게 똑같은 제안을 하지 않으셨으리라. 반면 솔로몬의 대답은 정확히 하나님이 바라시던 바였다.

> "솔로몬이 이것을 구하매 그 말씀이 주의 마음에 든지라 이에 하나님이 그에게 이르시되 네가 이것을 구하도다 자기를

위하여 장수하기를 구하지 아니하며 부도 구하지 아니하며 자기 원수의 생명을 멸하기도 구하지 아니하고 오직 송사를 듣고 분별하는 지혜를 구하였으니 내가 네 말대로 하여 네게 지혜롭고 총명한 마음을 주노니 네 앞에도 너와 같은 자가 없었거니와 네 뒤에도 너와 같은 자가 일어남이 없으리라"(왕상 3:10-12).

이렇게 솔로몬은 지상에 살았던 어떤 사람보다도 뛰어난 지혜와 분별력을 받았다. 그는 그야말로 만물박사가 되었다. 그는 건축가, 시인, 철학자, 과학자, 인문학자, 신학자, 왕이었다. 팔방미인이 따로 없다.

신약성경은 당신과 나도 솔로몬의 본을 따라야 한다고 권한다. "너희 중에 누구든지 지혜가 부족하거든 모든 사람에게 후히 주시고 꾸짖지 아니하시는 하나님께 구하라 그리하면 주시리라"(약 1:5). 이 놀라운 구절에는 중요한 전제와 강력한 약속이 들어 있다. 전제는 우리가 지혜로운 길을 모를 때가 온다는 것이고, 약속은 하나님이 우리에게 필요한 지혜를 주신다는 것이다. 하지만 솔로몬처럼 우리도 먼저 우리 자신의 필요를 인정해야 한다.

인생 대질문과 일맥상통하는 대목이다. 역사상 가장 지혜로운 사람이 자신의 저작을 통틀어 역설하기를, 지혜가 필요할 때 자신의 마음속을 들여다볼 것이 아니라 다른 사람들의 조언을 구해야 한다고 했다. 사실, 지혜로운 조언을 구하는 일의 중요성에 관해서라면 다른 성경 기자들을 다 합한 것보다도 솔로몬이 훨씬 할 말이 많았다.

임의로 몇 가지만 뽑아보았다.

"지혜 있는 자는 듣고 학식이 더할 것이요 명철한 자는 지략을 얻을 것이라"(잠 1:5).

"미련한 자는 자기 행위를 바른 줄로 여기나 지혜로운 자는 권고를 듣느니라"(잠 12:15).

"너는 권고를 들으며 훈계를 받으라 그리하면 네가 필경은 지혜롭게 되리라"(잠 19:20).

"지략이 없으면 백성이 망하여도 지략이 많으면 평안을 누리느니라"(잠 11:14).

"의논이 없으면 경영이 무너지고 지략이 많으면 경영이 성립

하느니라"(잠 15:22).

세상에서 가장 지혜로운 사람이 왜 다른 사람들의 조언을 그리도 중요시했는지 당신은 잠시 멈추어 자문해보아야 한다. 물론 답은 그가 세상에서 가장 지혜로운 사람이었기 때문이다. 지혜는 조언을 구한다. 지혜로운 사람은 자신의 한계를 안다. 자신에게 한계가 없다고 믿는 사람은 바보다.

처음 왕이 되던 날 얼마나 심정이 아찔했었고, 연륜 이상의 지혜가 얼마나 절실히 필요했었으며, 분별력이 얼마나 가망 없이 아득해 보였었는지 솔로몬은 늘 잊지 않았던 것 같다. 솔로몬은 자신의 지혜가 하나님에게서 온 것임을 절대 잊지 않았다. 그리고 하나님이 특별한 지혜를 주신 후에도 솔로몬은 계속 주변에 믿을 만한 조언자들을 많이 두었다.

지혜 없이 집을 떠나지 마라

지혜로운 조언이 필요 없는 사람은 없다. 아무도 없다. 사실 성공하면 성공할수록 우리에게는 지혜가 더 필요하다. 보통 우리가 내려야 하는 결정에 그만큼 걸려 있는 것이 더 많아지기 때문이다. 이 단순한 원리를 위반하면 다른 면에서 성공한 사람들도 실패에 취약해진다.

이 글을 쓰는 지금, 고위 인사 세 사람이 감옥행을 면하려고 법정에서 싸우고 있다. 두 건은 성희롱과 관련된 것이고, 또 하나는 재정 비리 문제다. 셋 다 그것이 '부족한 선택', 즉 지혜롭지 못한 결정인 것을 시인했다. 사건의 결과와 무관하게 세 사람의 명예는 평생 더럽혀질 것이다. 그들이 그렇게 행동하기 전에 조언을 구했더라면, 질질 끈 값비싼 법정 싸움을 셋 다 피할 수 있었을 것이다. 설령 기소된 혐의에 대해 셋 다 무죄라 해도, 사태가 여기까지 오도록 그들이 취약해진 것은 그들 자신의 지혜롭지 못한 결정 때문이었다.

지혜로운 조언이 필요 없는 사람은 아무도 없는데, 한사코 조언을 구하지 않는 사람들이 많으니 참 아이러니다. 앞서 말한 명사들이 사적으로 내린 결정들은 결국 백일하에 드러나 여태껏 다른 사람들이 저울질하고 있지 않은가!

그러나 이 역학은 명사들에게만 국한된 것이 아니다.

19장.

내가 내리는 결정이 나만의 문제가 아닌 이유

당신도 묻는 게 낫다

다른 사람에게서 지시받는 것을 좋아하는 사람은 거의 없다. 그래서 우리는 하루 빨리 집을 떠나고 싶어 안달이다. 따로 나가 독립을 쟁취하고 싶은 것이다. 우리는 부모님의 조언에 저항했고, 그 뒤로 여태 다른 사람들의 조언에도 저항해왔다. 설상가상으로 우리는 가장 취약한 세 부분에서 특히 조언에 저항한다. 흔히 인생에서 최고로 후회하는 화근으로 증명되는 세 부분은 시간을 할당하는 방식, 돈을 쓰는 방식, 관계를 다루는 방식이다.

내 말이 믿어지지 않거든, 옆집 사람에게 자녀를 기르는 방식에 대해 조언해보라. 아니면 옆 사무실에 불쑥 들어가 사람들에게 시간을 더 잘 쓰는 방법을 설명해보라. 당신이 정말 용감한 사람이라면, 복권을 사는 남자에게 그것이 생돈을 내다버리는 일이라고 훈수해보라.

현실을 직시하자. 우리 대부분은 조언이 가장 요긴한 부분에서 조언을 구하기 꺼려하며, 상대가 조언을 베풀어도 거기에 저항한다. 가장 취약한 세 부분에서 우리는 자신의 명철을 의지하기에 빠르다. 그래서 우리의 결정은 우리 자신의 욕망과 무지로 흐려진다.

결국 모두가 알게 된다

하지만 여기 현실의 흥미로운 단면이 있다. 생각해보라. 당신의 결정에 대해 다른 사람의 의견을 듣는 일은 피할 수 있어도, 그들이 의견을 품는 것은 절대 막을 수 없다. 이것이 조언을 거부하는 것의 아이러니다. 많은 경우, 당신이 사적으로 결정을 내려도 그 결과는 결국 모두에게 알려진다. 그 시점에서, 사람들은 당신이 선택을 내린 지혜에 대해 부득이 의견을 품을 수밖에 없다.

내 사생활은 누구의 일도 아니라고 우리는 철석같이 믿을 수 있다. 그러나 내가 개인적으로 내린 결정의 결과가 나에게 국한되는 경우는 드물다. 우리는 사생활로 보이는 일들에 대해 지극히 개인적인 결정을 내릴 때가 많지만, 그 결과는 실생활에 그대로 반영되며 대개 다른 사람들의 눈에 드러난다.

당신이 선택하는 배우자를 모두가 안다. 당신 집의 평수와 위치와 가격대를 친구들이 안다. 당신이 몰고 다니는 차를 사람들이 안다. 당신이 전에 어떤 직장을 거쳐 지금 어디서 일하고 있는지 생면부지의 남들이 안다. 당신이 지난주 주일에 교회에 갔는지 안 갔는지 사람들이 안다. 당신이 누구와 함께 시간을 보내기로 하는지는 비밀이 아니다. 그리고 싫든 좋든, 당신이 내린 이 모든 '사적인' 결정들에 대해 당신이 아는 모든 사람이 모종의 의견을 품고 있다. 인간이란 본래 그런 존재다.

너무 분개하기 전에 솔직해지기 바란다. 당신도 친구들과 친척들이 내린 결정들에 대해 자신의 의견이 있다. 그렇지 않은가?

'어떻게 그 남자랑 사귈 수 있단 말이야?'
'그 집은 왜 아이들을 하필 그 학교에 보내지?'
'그 지역이 무슨 구획에 들어가는지도 모르나?'
'저 옷을 입고 거울을 한 번도 안 본 게 분명해.'

당신이 소위 사적인 결정을 내릴 때 명심해야 할 것이 또 하나 있다. 다른 사람들은 당신의 결정을 알고 판단하게 될 뿐 아니라 또한 당신의 결정에 영향을 입는다. 개인적으로든 업무적으로든 내가 내리는 모든 결정은 다른 사람들에게 영향을 미친다. 하나도 빼놓지 않고 모든 결정이 그렇다. 보기에는 사적인 결정처럼 보일지 모르나 하나같이 다른 사람들에게 파장을 일으킨다. 내 사생활과 업무를 넘어서 영향을 미친다. 내가 목사로서 우리 교회에 관해 내리는 모든 결정은 많은 사람에게 영향을 미친다. 아버지와 남편으로서의 내 역할도 마찬가지다.

당신도 마찬가지다.

당신의 선택은 당신에게만 영향을 미치는 것이 아니다. 당신이 사업상의 결정이나 돈과 관련된 결정을 내릴 때, 거기에는 당신의 직업적, 재정적 안전만 걸려 있는 것이 아니다. 그리고 우리가 취한 도덕적 선택의 파장이 어떻게 다른 사람들에게 상처를 남길 수 있는지는 이미 살펴본 대로다. 소수의 욕심 많은 간부가 내린 미련한 결정 때문에 수천 명의 직원이 큰 피해를 입었다는 사연들이 뉴스에 가득하다. 아들이나 딸의 결정 때문에 분열된 가정들을 우리는 알고 있다. 다른 사람에게 어떤 영향을 줄지 전혀 생각지 않고 순간적으로 내린 결정이다. 누구의 일도 아닌 줄로 알고 관계상의 결정을 내린 아빠 때문에 아비 없는 집에서 자라고 있는 아이들을 우리는 알고 있다.

당신의 동기간이 누구를 배우자로 선택하는가는 당신의 일이 아니었을 수 있지만, 어떤 식으로든 그것이 당신 삶에 영향을 미치지 않았던가? 십대 때 당신은 당신 몸으로 당신 몸에 행하는 일은 누가 상관할 일이 아니라고 확신했다. 그러나 당신 몸으로 행한 일의 결과가 당신을 사랑하는 모든 사람에게 영향을 미쳤음을 결국 당신은 깨달았다.

사적인 결정도 다른 사람들에게 영향을 미친다.

그렇다면 어차피 당신의 개인적인 결정들을 다른 사람들이 보고 판단하고 겪게 될 거라면, 처음부터 다른 사람들을 끌어들이지 못할 이유가 무엇인가? 나중에 당신을 판단하게 될 그 통찰력의 덕을 미리부터 보면 안 되는 것인가? 당신의 선택이 누구의 일도 아닐 수 있음은 사실이나, 당신의 행위가 다분히 다른 사람들의 일이 된다는 것도 똑같이 사실이다. 그들은 알게 되고 판단할 것이다. 큰 영향을 입을 수도 있다. 그러니 엄선된 소수의 사람들을 당신이 결정하는 과정에 불러들이지 못할 이유가 무엇인가? 절대 아무도 다치지 않는다. 실은 그것 때문에 세상이 완전히 달라질 수도 있다.

20장.
듣고
배우라

독불장군도 실은 혼자가 아니다

프로 운동선수들이 코치를 두는 아이러니를 당신은 생각해본 적 있는가? 생각해보라. 2미터 거리의 고무 플레이트 구석으로 시속 153킬로미터의 공을 던질 줄 아는 사내가 왜 그 거리에서 플레이트가 잘 보이지도 않을 수 있는 늙은 사람에게 투구법의 조언을 받아야 하는가? 왜 그런가? 지혜로운 사람들이 직감으로 터득하는 듯한 원칙을 프로 운동선수들도 경험으로 알기 때문이다.

모든 프로 운동선수는 외부에서 오는 입력 없이는 자기가 절대로 최고 기량에 이를 수 없고, 그것을 유지할 수도 없음을 안다. 물론 슈퍼스타 투수에게 기술과 젊음과 돈과 명성은 있을지 모른다. 그러나 최고 기량을 지켜주기에는 그 어느 것도 부족하다. 그에게는 코치가 필요하다. 자신의 기량을 객관적으로 판단하도록 도와줄 또 다른 눈과 또 다른 통찰력의 원천이 필요하다.

관계적, 직업적, 재정적으로 꾸준히 바른 행보를 내딛는 남녀들이 다른 사람들에게서 도움을 구하는 사람들임은 우연이 아니다. 다시 말하지만, 그들은 자기가 무엇을 모르는지 알며, 그것을 아는 사람들에게 서슴없이 간다. 그리고 이 사사로운 습관은 아주 공공연한 성공을 가져온다.

무능하고 부족한 존재

주변의 지혜로운 사람들의 지혜를 빌리지 않는 한 당신은 절대로 능력을 다 발휘할 수 없다. 물론 그럭저럭 해나갈 수는 있다. 대다수 다른 사람들보다 더 잘할 수도 있다. 그러나 외부의 도움과 조언 없이는 당신의 충만한 잠재력에 절대 도달할 수 없다. 직업과 신앙과 재정은 물론이고 심지어 관계에서도 그렇다. '심지어' 관계라고 한 이유는 관계에 대해 조언을 구한다는 것이 너무도 부자연스럽게 느껴질 수 있기 때문이다. 관계 초기일수록 특히 그렇다.

생각해보라. 연애든 결혼이든 동업이든, 우리는 자기 감정을 믿고 관계를 시작한다. 그러고는 그 관계를 끝낼 때는 변호사와 상담자와 함께 주사위를 던진다. 중요한 관계에 있어, 사람들이 자기 감정에 그런 엄청난 비중을 둘 게 아니라 초기부터 지혜로운 조언을 구한다면 얼마나 많은 고통과 혼란을 면하게 될지 상상해보라.

우리 대부분은 이미 본궤도를 벗어나 고통스레 헛돌고 있는 관계에 대해 때를 놓치고 헛된 노력을 기울였던 허탈한 경험을 해본 적이 있다. 그것이 부부 상담이든 임신 상담이든 가정 상담이든, 한때 누구의 일도 아니라고 생각했던 관계 문제로 뒤늦게 해결에 나서는 것이다. 역시 의문을 떨칠 수 없다. 나중에 지혜로운 조언이 필요할 결정을 내리기 전에 진작부터 지혜로운 조언을 구했더라면 그런 불상사를 얼마나 수월하게 피할 수 있었을까.

당신 집에 데이트할 나이가 된 자녀가 있다면, 당신은 이것을 뼈저리게 실감할 것이다. 자녀에게 해주고 싶은 말이 너무 많다. 처음부터 지적해주고 싶은 경고 신호가 너무 많다. 당신은 자녀가 당신 말을 듣기만 한다면 마음의 상처나 그 이상의 사태를 피할 수 있다는 확신이 있다. 그러나 자녀도 꼭 당신같지 않은가? 사태가 너무 괴롭거나 복잡해져 어쩔 수 없이 들어야만 하기 전에는 다른 사람의 말에 별 관심이 없는 것이다.

인생 대질문이 '무엇이 지혜로운 길인가?'라면 두 번째 질문은 '당신 생각에는 무엇이 내게 가장 지혜로운 길인가?'일 것이다. 부모로서 나는 아이들이 진심으로 내게 그렇게 물어만 준다면 큰돈이라도 주고 싶을 때가 있다. 분명히 우리 부모님도 내가 그렇게 질문했다면 돈이라도 주셨으리라.

더 지혜로운 사람들

목사의 자녀라는 신분에 따라오는 현실의 하나로, 나는 '처신'을 잘못하여 복잡한 상황에 빠진 사람들의 이야기를 들으며 자랐다. 이제야 깨닫지만 아버지는 일부러 뜻하신 바 있어 내게 그 모든 이야기를 들려주셨다. 나도 내 아이들에게 똑같이 한다. 그들도 나와 똑같은 영향을 입는다면 더 바랄 게 없겠다.

그런 이야기들이 주는 교훈은 거의 예외 없이 '그들이 조언을 들었어야 했다'는 것이다. 사람들은 하나님, 부모, 친구들, 이성(理性)의 목소리를 듣지 않아 실패했다. 그런 이야기들의 영향도 있었겠지만, 나는 죄에 대한 건강한 경외감을 가지고 자랐다. 사실은 두려움이라는 표현이 더 맞을 것이다. 그러나 동시에 나는 조언을 듣는 것이 내게 크게 이롭다는 것도 알고 자랐다.

내가 당하고 있는 일을 이미 당해본 사람들, 내가 지나려는 길을 이미 지나본 사람들, 그래서 그 경험으로 말미암아 더 지혜로운 사람들의 말을 시간을 내 찬찬히 듣지 않을 이유가 무엇인가? 경험은 훌륭한 스승이다. 다른 사람들의 경험은 특히 그렇다. 이미 값을 치른 사람이 있는데, 굳이 또 값을 치르며 배울 필요는 없다.

나는 혼인 서약을 하기 전 지혜로운 조언을 받은 덕에 더 좋은 남편이 되었다. 우리 부부는 그동안 여러 사람에게 조언을 구하여 훌륭한 통찰을 얻은 덕에 훨씬 지혜로운 부모가 되었다. 나는 주변의 베테랑 지도자들에게 조언을 받은 덕에 훨씬 나은 지도자가 되었다. 두려움과 불안과 지혜 중 무엇 때문인지는 모르나, 나는 외부에서 오는 입력 없이는 큰 결정을 내리지 않는다. 너무 늦어 손쓸 수 없게 된 후에야 '이랬어야 했는데, 저랬어야 했는데' 하고 깨닫는 것은 싫다.

결정을 내린 후에야 지혜로운 조언을 받는 것은, 진작 물었더라면 더 지혜로울 수 있었을 것이라는 사실의 뒤늦은 확인에 지나지 않는다. 하지만 솔직해지자. 때로 우리는 묻기를 원치 않는다. 아닌가?

귀 있는 자를 위하여

얼마 전 나는 복잡해 보이는 인사상의 결정을 놓고 씨름하고 있었다. 너무 복합적인 상황이라 결정을 내리기가 정말 힘들다고 나는 아내에게 며칠 밤이고 쉬지 않고 말했다. 나는 모든 가능한 대안들의 장단점을 따져보았다. 관련된 모든 사람과 나의 지나온 관계도 더듬어보았다. 내 생각과 실망과 불만을 아내에게 털어놓았다. 그런데도 무엇이 지혜로운 행보인지 결정할 수 없었다.

샌드라는 참을성 있게 들어주었다. 그러나 아내가 실상을 파악하는 데는 오래 걸리지 않았다. 나는 이미 갈 길을 알면서도 그리로 갈 마음이 없었던 것이다. 그래서 대신 나는 계속 말만 했다. 말하고 또 말했다. 이제 샌드라는 내 잘못을 지적할 수도 있었으나 역시 아내는 지혜로운 여인이다. 자기가 직접 지적하기보다는 자기기만에 빠진 남편이 스스로 올바른 결정을 내리도록 도와주는 것이 더 중요함을 알았던 것이다. 그래서 대신 아내는 내게 이렇게 물었다. "스티브(Steve)한테 전화를 걸어 그의 생각을 물어보면 어때요?"

스티브는 내가 아는 가장 지혜로운 남자 중 하나다. 인사 문제를 분별할 때는 특히 그렇다. 더욱이 나는 스티브와 많은 시간을 함께 보냈다. 그는 정말 어려운 관계의 문제들에 대해 나를 도와주곤 했다. 그 과정에서 그는 내게 몇 가지 귀중한 원리를 가르쳐주었는데, 나중에 그것이 관계 면에서 내 모든 결정의 기준이 되었다. 스티브와 보낸 시간이 하도 많다 보니 종종 나는 굳이 그의 말을 듣지 않고도 그가 뭐라고 말할지 알았다.

아내는 그것을 알았다.

스티브한테 전화하라는 아내의 제안에 내 입에서 생각도 없이 불쑥 이런 말이 튀어나왔다. "스티브가 뭐라고 말할지 나도 안단 말이오." 샌드라는 웃기만 했다. 사명이 완수되었던 것이다.

현실을 직시하자. 우리가 주변의 지혜로운 사람들에게 조언을 구하지 않는 주된 이유 중 하나는 무슨 말을 들을지 이미 알기 때문이며, 그 말이 듣기 싫기 때문이다. 어쨌거나 자신을 속이려면 많은 공작이 필요하고, 경고 신호를 줄곧 고의로 피해야 한다. 우리의 치밀한 속임수를 꿰뚫어보고 지적해줄 기민한 사람의 견해야말로 우리가 원치 않는 바다.

몇 년 전 우리 교회의 어느 부부가 내게 딸의 결혼 주례를 부탁했다. 나는 주례를 많이 서지 않는 편이지만, 알고 지낸 지 꽤 오래된 가정이라서 수락했다. 그리고 마지막으로 이런 말을 덧붙였다. "따님한테 제 비서에게 전화해서 혼전 상담 날짜를 정하도록 해주세요."

몇 주 후 신부의 어머니가 내게 면담을 청했다. 약간 드문 일이지만 나는 만나기로 했다. 그녀는 말했다. "우리는 딸아이의 약혼자를 사랑해요. 제 딸에게 꼭 맞는 사람인 것 같습니다. 그런데 그는 결혼 경력이 있어요. 이에 대해 목사님 생각을 듣고 싶습니다."

나는 남자가 이혼한 지 얼마나 되었느냐고 물었다. 그가 부인과 별거한 지 2년 됐다고 했다. 나는 다시 물었다. "이혼한 지는 얼마나 됐습니까?"

"석 달이요." 그녀가 말했다.

이어 나는 그녀가 원치 않는 질문인 줄 알지만 이렇게 물었다. "달라(Darla)가 토니(Tony)를 만난 지 얼마나 되었습니까?" 그녀는 우물쭈물 망설이다가 마침내 두 사람이 만난 지 1년 조금 넘었다고 시인했다.

대화가 진행되면서 나는 그녀가 나를 찾아온 이유를 파악했다. 신부의 어머니는 나를 인터뷰하고 있었다. 딸과 장래 사위 될 사람을 나와의 혼전 상담에 보내기에 앞서, 그녀는 행여 내가 그들의 계획을 틀어놓을 말이나 행동을 하지 못하도록 확실히 해두고 싶었던 것이다.

나는 그녀에게 우리 교회에는 이혼한 지 최소한 2년이 안 된 사람의 재혼은 허락하지 않는 정책이 있으며, 상황에 따라 당사

자에게 더 오래 기다릴 것을 권할 수도 있다고 말했다.

그녀는 고개를 저으며 말했다. "그렇다고 듣긴 했지요."

몇 주 후 그녀는 내게 전화를 걸어, 다른 주례를 알아보고 있노라고 말했다. 나는 놀라지 않았다. 하지만 신기했다. 인륜대사의 결정을 앞두고 명료한 사고를 돕고자 마련된 질문들에서 어머니가 자기 딸과 장차 사윗감을 비호하려 드는 이유는 무엇일까? 결혼생활보다 결혼식을 더 중시할 정도로 어리석은 사람이 누가 있을까? 게다가, 어머니의 철석같은 확신처럼 그들이 정말 천생연분이라면 나를 만난다고 해로울 것이 뭐가 있을까? 사랑하면 길이 열리지 않을까? 어쩌면 아니었나보다. 어쩌면 그녀는 확신이 없으면서 있는 척했는지도 모른다. 어쩌면 그녀가 외면하고 싶은 뭔가가 있었는지도 모른다. 어쩌면 그 모녀가 어떤 현실을 애써 피하려 하고 있었는지도 모른다. 그들은 정말 확실히 피했다. 본인들도 뿌듯했을 것이다.

거울 속의 나는?

성경에는 지혜로운 조언을 거부하는 사람을 가리키는 말이 있다. 미련한 자다. 솔로몬은 그것을 이렇게 압축해 표현했다.

"미련한 자는 자기 행위를 바른 줄로 여기나 지혜로운 자는 권고를 듣느니라"(잠 12:15). 우리 문화에서 누군가를 미련한 자라 부르는 것은 가혹하게 들린다. 그래서 우리는 좀 누그러뜨려 "저 사람, 미련하게 행동했군요"라든지 "내가 어쩌다 그렇게 미련할 수 있었지?"라고 말한다. 하지만 말이야 바른 말이지, 듣기를 거부하고 진실을 피하고 자기 방식을 고집할 때 우리는 미련한 자다.

지혜로운 사람들은 자기가 모르는 때가 언제인지를 안다. 미련한 사람들은 자기가 실제보다 더 많이 알며 따라서 아무한테 아무것도 물어볼 필요가 없다고 확신하는 사람들이다. 하루가 끝나면 지혜로운 사람은 안도의 한숨을 내쉬고, 미련한 사람은 후회의 한숨을 내쉰다.

결론적으로, 듣기 싫은 말을 들을까 두려워 자신에게 있는 대안들을 주변의 지혜로운 사람들에게 내놓지 않을 때 우리는 미련한 자다. 경고 신호를 고집스레 무시하고 무조건 밀어붙일 때 우리는 미련한 자다. 그리고 결국 우리는 값을 치른다. 미련한 자들은 언제나 값을 치른다.

도움을 청하라

하나님은 당신에게 지혜가 부족할 때가 올 것을 아신다. 인생 대질문을 던져도 답이 묘연할 때가 있음을 아신다.

당신이 감정적으로 힘든 와중에서 부득이 결정을 내려야만 하는 상황이라면 도움을 청하라. 달랑 자신의 판단만 믿어서는 안 된다. 우리 몸의 고통 때문에 우리 자신을 돌볼 수 없을 때가 있는 것처럼, 정서적 고통도 우리를 도움이 필요한 자리로 데려갈 수 있다.

경험이나 교육 면에서 당신의 능력을 벗어나는 결정을 내려야만 한다면 도움을 청하라. 척하지 마라. 꾸미지 마라. 도움을 청하는 것은 당신에게 지혜가 없다는 뜻이 아니다. 외부로부터의 입력을 청하는 것은 오히려 지혜의 증거다. 인생 대질문의 답이 명확하게 떠오르지 않거든, 믿을 만한 사람에게 이렇게 물어보라. "제 과거의 경험과 현재의 상황과 미래의 꿈과 희망에 비추어, 당신이 보기에 제게 지혜로운 길은 무엇입니까?"

지혜로운 사람들은 자기가 모르는 때가 언제인지를 알며, 그것을 아는 사람들에게 서슴없이 간다.

6부

생의 정
고결
인죄

21장.
확실한 마무리

선 안에 색칠하기

당신이 겪은 과거의 경험, 현재의 상황, 미래의 꿈과 희망에 비추어 무엇이 지혜로운 길인가? 주변의 지혜로운 사람들은 당신이 취할 가장 지혜로운 행동 노선이 무엇이라고 생각하는가? 이는 당신의 삶 모든 부분에 적용해야 할 특단의 강력한 두 질문이다. 이 두 질문의 답대로 행동하면, 후회가 거의 없는 삶의 기반이 닦일 것이다.

그러나 그 안에 문제가 있다. 당신은 행동해야 한다. 마무리를 해야 한다. 밝혀진 답대로 당신이 행동해야만 하늘 아버지가 인생 대질문을 당신의 삶에 활용하실 수 있다. 그래서 이 책의 마지막 부분에서는 당신의 마무리 작업을 돕고자 한다.

어떤 화랑

몇 해 전 혼자서 아이들을 보던 긴 하루가 끝나갈 무렵, 샌드라는 세 아이를 일제히 지하실로 데려가서는 오후에는 그림을 그릴 거라고 말했다. 아내는 커다란 탁자에 파지를 죽 펼쳐놓은 다음, 작은 화판 세 개를 펴놓고는 잡동사니 물감과 붓을 내놓았다. 그리고 자기가 끝났다고 말할 때까지 그림을 그리라고 했다.

"뭘 그려요?" 당시 아홉 살이던 앤드류가 물었다.

"아무거나 네가 그리고 싶은 것."

"도대체 뭘 그리지?" 일곱 살 앨리가 말했다.

"난 그림 같은 건 못 그려요." 여덟 살 난 개릿이 투덜댔다.

더 이상의 지침 없이 샌드라는 위층으로 올라가 아쉬운 낮잠을 잤다. 30분 후 아내는 평소에 듣기 힘들던 소리에 잠이 깼다. 침묵. 목소리도 없고, 가짜 폭발음도 없고, 울음소리도 없었다. 그야말로 온 집 안이 적막강산이었다.

아내는 걱정되어 복도를 지나 지하실 문으로 다가갔다. 문을 열기가 무섭게 이런 소리가 들렸다. "아직 내려오면 안 돼요. 안 끝났단 말이에요." 엄마들의 귀에 이 말은 "가서 혼자만의 시간을 더 가지세요"라는 뜻으로 들린다. 아내는 흔쾌히 수락했다. 불과 20분 후 지하실 계단을 후다닥 올라오는 여섯 개의 사랑스런 발소리가 들렸다. "준비됐어요! 준비됐어요! 와서 우리의 예술 작품을 보세요!"

당신 생각에 어떤 그림들이 지하실에서 샌드라를 기다리고 있었을 것 같은가? 훈련도 받지 못했고 감시도 없었던 어린아이들에게서 어떤 작품을 기대할 수 있을까? 석 점의 명작? 인근 화랑에 전시해도 손색없을 내면 성찰의 자화상?

그렇지 못한 이유는 무엇일까?

당신이 화판이며 탁자며 지하실 바닥에 물감을 되는 대로 칠해놓은 장면을 상상하는 이유는 무엇일까? 우리 아이들의 작품에 대해 당신의 기대치가 그토록 낮은 이유는 무엇일까?

이유는 얼마든지 많으나 모두 하나로 귀결된다. 훈련받지 못한 예술가들은 바른 결정을 내리지 못한다는 것이다. 훈련받지 못한 예술가들은 회화의 원리와 지침을 모른다. 적절한 기법도 모른다. 동기는 순수하고 의도는 고상할 수 있으나 그림 그리는 법을 모른다면? 결과는 그림처럼 뻔하다.

규칙대로 경기하기

분야마다 그 분야를 지배하는 규칙과 원리가 있다. 음악, 건축,

법학, 교육, 의학, 체육, 경제, 통신, 토목, 미술, 재정, 회계 등 어느 분야를 막론하고 지혜로운 결정을 내리려면 그 분야를 지배하는 원리와 법칙을 알아야 한다.

당신의 회계사는 회계 원리와 정부의 세법을 모르고는 당신에게 지혜로운 조언을 줄 수 없다. 의사를 선택할 때 당신은 그 사람을 해당 진료 분야의 전문가로 가정한다. 즉 당신은 그가 인체의 작동 원리와 그 작동이 멈출 때 고치는 법을 알 것으로 가정한다. 건축가를 고용하여 주택을 짓는다면, 당신은 그가 건축 원리는 물론 정부의 해당 법규와 기준을 당연히 알 것으로 예상한다.

지난 4년 동안 나는 우리 아들들의 야구 팀 코치나 보조 코치로 일했다. 리틀 리그 야구의 규칙을 알고 뉘앙스를 터득하면 코치의 결정 능력이 완전히 달라진다는 것을 나는 빨리 깨달았다.

예를 들어, 리틀 리그에는 5점 상한제라는 규칙이 있다. 즉 한 이닝에서 점수가 5점이 나면 그 팀의 공격은 끝나고 자동으로 상대 팀 공격으로 넘어간다. 마지막 6회에는 이 규칙이 적용되지 않으나, 리틀 리그 시합의 시간 제한 때문에 경기가 6회까지 가는 경우는 극히 드물다.

5점 상한제에도 불구하고 우리 리그의 코치들은 대체로 타격 순서를 전통적인 방식으로 정한다. 가장 뛰어난 타자들을 앞 순번에 두고 가장 떨어지는 타자들을 뒤 순번에 두는 것이다. 그러나 어느 날, 리틀 리그에서는 그 방법이 전혀 맞지 않음을 나는 퍼뜩 깨달았다. 이닝마다 5점 제한이 있다면, 시합의 목표가 달라진다. 모든 이닝에 5점을 내는 것이 목표가 되어야 하는 것이다. 그래서 나는 타격 순서를 거기에 맞춰 조정하기 시작했다. 가장 떨어지는 타자들을 맨 뒤에 두는 대신 사이사이에 잘 섞어 넣은 것이다.

갑자기 우리는 매 이닝마다 꾸준히 득점하기 시작했다. 그리고 약한 타자들을 앞 순위로 옮긴 결과 우리한테 유리한 일이 또 하나 벌어졌다. 약한 타자들도 안타를 치기 시작한 것이다. 순위가 높아지자 그들은 그만큼 자신감이 생겼다. 그 시즌에 우리의 전적은 어느 팀보다 앞섰다.

이렇듯 무엇이든 작동 원리를 알면 더 좋은 결정을 내릴 수 있다. 모든 결정이 분명하지 않을 수 있지만, 규칙과 원리를 알면 우리의 대안들은 좁혀지고 성공 가능성은 높아진다. 장식 전문가와 일해본 적이 있다면, 당신은 이 원리의 작용을 보았을 것이다. 실내를 아름답게 장식하는 길은 수십 가지, 어쩌면 수백 가지나 된다. 그러나 영 어울리지 않는 소재나 가구의 배합이 있는 법이다. 훌륭한 장식가는 피해야 할 배합을 안다.

몇 년 전 우리 집에는 어떻게 해도 어색해 보이는 방이 하나 있었다. 하루는 어머니가 오셨기에 그 애물단지 방으로 모시고 가서 부탁했다. "도와주세요! 뭘 어떻게 해야 됩니까?" 어머니는 딱 가구 두 점을 옮기셨고, 그러자 실내가 완전히 다른 세상이 되었다. 샌드라와 나는 놀라서 서 있었다. 왜 우리에게는 그 생각이 안 났을까?

간단하다. 어머니는 장식전문가시다. 어머니는 규칙을 아신다. 그래서 방을 한번 보고는 문제를 진단해내신 것이다. 여기서 이 원리의 이면이 나온다.

양날의 검

대체로 말해서, 특정 분야의 규칙이나 원리를 무시하면 그 대가를 치르게 된다. 닷컴 거품 시절 주식에 손댄 당일 매매 투기자들은 잘 안다. 증권 투자에 장기적인 접근이 필요하다는 경고를 수없이 받고도 우리는—그러니까, 그들은—단기 수익만 노리고 계속 사고팔기를 되풀이했다. 그러다 거품이 걷히자 많은 사람이 많은 돈을 날렸다. 규칙을 무시하면 값을 치르는 법이다.

법정에서 변호사를 두지 않고 본인이 직접 변호하는 사람들이 대개 썩 잘하지 못하는 이유가 거기 있다. 그들은 법을 모른다. 법정 에티켓에 대해 무지하다. 그들은 배심원단을 선출하거나 그들의 성향을 분석해본 적도 없다. 증인의 반대 심문에 대해서도 문외한이다.

내 친구 하나가 나무를 몇 그루 잘라내 작은 부지를 활용하기로 했다. 그는 성품은 훌륭하지만 개발업자나 토건업자는 아니다. 따라서 그는 시계(市界) 내 부지 개발에 대한 소정의 절차를 몰랐다. 토지용도 변경 허가를 받아야 하는 줄도 몰랐고, 새로 묘목을 심어야 하는 줄도 몰랐다. 시에서 직접 나와 나무에 표식을 달도록 수목(樹木) 담당과에 신청해야 하는 줄도 몰랐다. 아예 시에 수목 담당과가 있는 줄도 몰랐다. 그러나 지금은 안다.

그는 자기 땅이니까 자기 마음대로 해도 되는 줄 알았다. 그러나 틀렸다. 그는 규칙을 몰랐다. 수목 담당과 직원들과 두 명의 시의원을 여남은 번 만난 끝에 내 친구는 결국 몇 가지 시 규정을 어긴 벌금으로 4천여만 원을 들여 온 시내에 나무를 심어야 했다. 다시는 그런 일이 없으리라. 하지만 그것은 값비싼 교훈이었다.

당신도 그런 경험이 한두 번은 있을 것이다. 그래서 내가 말하려는 요점은 무엇인가? 다음을 보라.

손발을 움직일 때

특정 분야의 규칙과 원리를 아는 것만으로는 부족하다. 원리의 위력을 맛보려면 그대로 지키고 적용해야 한다. 외과의사는 수술할 때 특정 진료과목의 원리와 절차를 지키고 적용한다. 의사의 수완이 아무리 뛰어나더라도 소정의 수술 절차를 무시하면 결과는 참담할 수 있다.

풋볼 경기에서 와이드 리시버가 응원단 뒤쪽으로 돌아서 필드로 다시 돌아와 패스를 받으면 벌칙을 당한다. 세계 랭킹 1위의 테니스 선수도 공을 관중석으로 서브하고는 승리를 기대할 수 없다. 애틀랜타 브레이브스 팀은 일시에 열 명의 선수를 구장에 내보낼 수 없다. 프로 운동선수들은 이기려면 규칙을 지켜야 한다.

어느 분야든 성공은 규칙을 알고 지키는 데서 온다. 먼저 일의 작용 원리를 알아야 하고, 다음 그 원리와 법칙과 기술을 지켜야 한다. 당신의 지식과 그 지식의 활용이 차이를 가져온다.

그래서….

22장

지혜의 근본

항복하기

당신 인생의 핵심 분야들도 의학, 건축, 회계, 스포츠 분야와 마찬가지다. 결혼생활, 자녀양육, 재정, 우정, 일, 시간 관리에 성공하려면 반드시 지켜야 할 법칙과 원리가 있다. 그중에는 직관적인 원리도 있고 그렇지 않은 것도 있다. 그러나 그런 원리를 알고 지켜야만 변화가 찾아온다. 바로 그러한 인생의 순리 안에 지혜가 자리하고 있기 때문이다. 그런 순리가 결정 과정을 가르쳐준다.

다른 사람에게 조언을 할 때마다 당신은 세상 어느 한 분야의 원리에 대한 당신 나름의 식견을 내놓는 것이다. 그동안 당신에게는 우연히 깨우친 법칙과 원리도 있다. 고생하며 배운 것들도 있다. 부모와 스승들의 지혜를 통하여 접한 것들도 있을 것이다. 어쨌든 당신도 인생의 순리를 한두 가지는 안다. 그래서 당신은, 어떤 잘못된 결정들은 멀리서도 대번에 알아볼 수 있다. 닥쳐오는 화가 눈에 보인다. 간혹 당신은 전혀 위험을 감지하지 못하는 사람에게 비키라고 경고를 시도한 적도 있다. 과거 어느 때에 누군가 당신에게 경고했던 것처럼 말이다.

이 모든 경험을 바탕으로, 당신에게 두어 가지 묻고 싶다. 유화의 규칙과 원리를 알지 못하고 지키지 않는 우리 아이들에게 한 폭의 명작을 기대할 수 없다면, 인생의 법칙과 원리를 알지 못하고 지키지 않는 우리에게 어떻게 인생의 명작을 기대할 수 있겠는가? 먼저 자동차의 작동 원리를 모르는 정비공에게 내 차의 정비에 관한 지혜로운 결정을 기대할 수 없다면, 인생의 중요한 분야인 가정과 재정을 지배하는 법칙과 원리를 모르는 나 자신에게 어떻게 그 분야의 지혜로운 결정을 기대할 수 있겠는가?

괴롭지만 한 발짝 더 깊이 들어가보자. 당신이 인생의 주인께—어떤 원단과 색상을 합해야 당신이 원하는 결과에 최적인지 아시는 분께—항복할 마음이 없다면, 어떻게 당신 인생이 명작이 되기를 바라는가? 당신의 가정, 결혼이나 연애, 직업을 당신이나 나보다 더 잘 아시는 분의 인도에 따를 마음이 없다면, 어떻게 자신이 그런 분야에 대해 지혜로운 결정을 내리기 바라는가?

지혜가 시작되는 곳

바로 그런 맥락에서 세상 최고의 현자는 이렇게 말하지 않았을까. "여호와를 경외하는 것이 지혜의 근본이요"(잠 9:10). 지혜는 하나님이 어떤 분이시고, 인간 존재의 한계는 어디까지인가에 대한 바른 이해에서 시작된다.

이 부분을 너무 성급히 지나가지 마라. 이 책 전반에 걸쳐 나는 당신에게 '무엇이 내게 지혜로운 길인가?'라고 자문할 것을 도전했다. 5부에서는 당신이 질문할 사람들을 소수의 엄선된 존경받는 친구들에게로 넓힐 것을 권했다. 그러나 인생 대질문을 십분 활용하려면, 그 질문을 당신의 하늘 아버지께 올려야 한다. 그분은 모든 지혜의 근원이시며, 지혜란 우리 자신을 하나님과 바로 정렬시킬 때 시작되기 때문이다.

솔로몬은 '여호와를 경외한다'는 표현을 썼다. 문맥상 '경외'란 복종으로 이어지는 인정과 공경을 가리킨다. 이 말을 어딘가에 적어두어도 좋다. 지혜는 하나님이 어떤 분이신지 인정하는 데서 시작된다. 단순히 그분의 능력과 지식을 인정한다는 뜻이 아니다. 이는 당신이 지금 만물의 유일한 창조주, 유일무이한 참 하나님을 상대하고 있음을 인정하는 것이다. 지혜는 우리가 하나님의 하나님 되심을 올바로 인정할 때 시작된다.

올바른 인정은 공경을 낳는다. 공경은 만물을 지으시고 다스리시는 분께 합당한 반응이다. 공경의 실제적 측면은 복종이다. 하늘 아버지를 인정하고 공경하는 사람들은 모든 피조물에 대한 그분의 통치권을 받아들일 수밖에 없다. 이러한 인정과 항복의 순간이 곧 참 지혜의 근본이다.

"아, 그랬었구나!"

아버지가 지극히 관계적인 분임을 우리가 행여 잊지 않도록, 솔로몬은 같은 말을 다른 표현으로 반복한다. 구절 전체는 이렇다.

"여호와를 경외하는 것이 지혜의 근본이요 거룩하신 자를 아는 것이 명철이니라"(잠 9:10).

이 놀라운 구절을 나는 이렇게 풀어보았다.

지혜는 우리가 하나님의 하나님 되심을 인정하고 거기에 합당하게 반응할 때 시작된다. 올바른 반응은 물론 항복이다. 우리가 일단 항복하면 하나님은 얼마든지 기쁘게 자신을 점

점 더 계시해주신다. 그리고 하늘 아버지의 성품과 본성을 더 많이 깨달을수록 우리는 그분이 창조하신 세계를 더 깊이 알게 된다. 그렇게 더 깊이 알아갈수록 지혜로운 선택의 능력도 자란다. 그래서 참된 지혜는 하나님이 어떤 분이신가에 대한 올바른 인정과 그에 대한 올바른 반응, 즉 항복에서 시작된다.

하늘 아버지께 항복한다는 개념이 무섭게 느껴진다면 이것을 생각해보라. 당신은 날마다 그분의 원리와 법칙에 자신도 모르게 항복하고 있다. 자녀양육 면에서 지혜로운 결정을 내릴 때마다 당신은 하나님의 어떤 원리를 적용하고 있는 것이다. 즉 거기에 항복하고 있는 것이다. 재정 면에서 지혜로운 결정을 내릴 때도 매번 마찬가지다. 유능한 외과 의사의 칼에 당신의 몸을 맡길 때마다 당신은 하나님의 법칙에 항복하는 것이다. 단순히 의사는 하나님이 인체를 지으신 원리에 대한 자신의 이해에 근거하여 결정을 내리는 것뿐이다. 인간의 권위에 자신을 맡길 때마다 당신은 하나님의 또 어떤 원리를 적용하는 것이다.

"하지만 그건 다르다. 나는 건전한 판단을 내리고 있을 뿐이다." 당신은 항변한다. 당신에게는 그렇게 보일지 모른다. 그러나 단순히 원리를, 즉 당신이 적용하기로 마음먹기 전부터 이미 존재해온 원리를 응용하기만 해도 당신은 하늘 아버지에게서 그것을 빌려오는 것이고, 그분의 지혜를 인정하는 것이다. 생각해보라. 우리는 물리학 원리들을 발견하고 활용해왔다. 우리는 유전자 부호를 탐구하여 조작해왔다. 우리는 많은 질병을 정밀 추적하여 근절해왔다. 우리 조상들은 고기압과 저기압의 원리를 항해에 활용했다.

날마다 우리는 하나님이 설계하신 세상 원리의 득을 보고 있다. 우리가 인간의 노력으로 지어냈다고 주장하는 모든 것도 궁극적인 근원은 하나님께 있다. 우리는 그저 그분이 지으신 것을 발견하여 조작했을 뿐이다. 숨을 쉴 때마다 우리는 자신이 물리적으로 하늘 아버지께 의존하고 복종하고 있음을 공포하는 것이다. 그렇다면 우리의 의지를 바치는 것을 망설일 까닭이 무엇인가? 왜 우리는 자신의 관계, 재정, 직업을 그분께 바치는 것이 그토록 두려운가?

지혜로운 의사는 하나님이 지으신 인체의 원리를 무시하지 않는다. 지혜로운 회계사는 수학의 원리를 무시하지 않는다. 지혜는 만물의 순리를 설계하신 분을 인정하고 그분께 복종하는 데서 시작된다.

상호적인 복종

항복에 대해 생각할 것이 하나 더 있다. 항복은 상호적인 것이다. 상호 항복 내지 상호 복종은 가장 강력한 관계 역학의 하나다. 두 사람이 서로 상대를 앞세우기로 다짐할 때, 그것이 관계에서 볼 수 있는 최선의 모습이다. 부부 관계, 노사 관계, 부자 관계 모두 마찬가지다. 상호 복종의 관계에는 서열이나 출생 순서가 무의미하다. 관건은 각자가 서로의 유익을 위해 자신의 전부를 바치기로 다짐했다는 것이다. 상호 복종의 관계에는 아무것도 두려워할 것이 없다. 그것은 신뢰의 관계다.

하늘 아버지께 항복하는 것에 대한 당신의 모든 의혹을 씻어 줄 단적인 진리가 여기 있다. 당신이 태어나기 전부터 하나님은 당신에게 그분 자신을 바치셨다. 십자가 위에서 하나님은 그분에게 있는 최상의 것을 당신을 위해 희생하셨다. 하나님은 하나님 자신보다 당신을 앞세우셨다. 그 생각을 염두에 두고 이 말씀을 읽어보라.

"우리가 아직 연약할 때에 기약대로 그리스도께서 경건하지 않은 자를 위하여 죽으셨도다 의인을 위하여 죽는 자가 쉽지 않고 선인을 위하여 용감히 죽는 자가 혹 있거니와 우리가 아직 죄인 되었을 때에 그리스도께서 우리를 위하여 죽으심으로 하나님께서 우리에 대한 자기의 사랑을 확증하셨느니라"(롬 5:6-8).

당신이 아무것도 내놓을 것이 없을 때 그리스도가 당신을 위해 죽으셨다. 그분은 당신의 죄를 자신의 영광보다 앞세우셨다. 그렇게 그분은 당신에게 복종하셨다. 그분은 엄청난 희생을 치러 당신의 가장 절실한 필요를 채워주셨다. 그러기 위해 그분은 자신의 권위를 보이셨던가? 아니다. 통치권을? 아니다. 대신 그분이 자신의 광대한 자원을 동원하여 우리에게 보이신 것은 그분의 사랑이다. 그것만이 우리에게 두려움 없이 담대히 복종할 용기를 준다. 이러한 사랑의 표현은 우리도 똑같이 반응하라는 후한 초청이다. 이렇듯 우리는 아버지가 먼저 모험에 나서신 것을 늘 아는 가운데, 상호 복종의 관계로 부름받았다.

하나님께 복종하는 것보다 하나님을 믿는 것이 훨씬 쉽다는 것을 나는 경험으로 안다. 인생 대질문도 나 자신에게 던지는 것이 하늘 아버지께 진지하게 여쭙는 것보다 쉽다. 그러나 십자가는 내가 두려워할 것이 아무것도 없음을 늘 일깨워준다. 하나님은 믿을 만한 분이시다. 나에게 이미 무조건적인 사랑을 보이신 분이 아닌가.

최고 중의 최고

결국 이 모두는 이것으로 귀결된다. 인생 대질문을 던지고 거기에 반응하려는 우리의 의지는 인생 최고의 결정을 내리려는 의지에 달려 있다. 바로 하늘 아버지께 우리의 삶을 완전히 바친다는 결정이다. 지혜는 거기서 시작된다.

미술 분야에서 우리 아이들에게 적용된 원리는 우리의 삶, 관계, 재정에서 우리 모두에게 그대로 적용된다. 그림을 나 혼자 그릴 때, 하나님을 밀쳐내고 색깔과 필치와 질감을 내 멋대로 정할 때 어떤 일이 벌어지는지 우리는 너무나 잘 안다. 내 의지가 하나님의 의지를 앞질렀던 그 시절들의 상처와 추억과 후회를 우리는 누구나 가지고 있다.

하나님은 당신의 인생이 그분의 위대함과 당신의 독특함을 담아낸 하나의 명작이 되기를 원하신다. 그러나 우리의 삶으로 명작을 만들려면 명장(名匠)에게 우리 자신을 바쳐야만 한다. 우리의 인생이라는 화폭의 필치 하나하나마다 그분의 영향을 입어야만 한다.

이제 당신에게 묻는다. 당신은 인생 최고의 결정을 내린 적이 있는가? 당신의 전부를 그분께 완전히 바친 적이 있는가? 그분이 무엇을 명하실지 알기도 전에, 그분 뜻에 복종하기로 미리 결단한 적이 있는가? 그렇지 않다면, 당신에게 항복의 기도를 올릴 기회를 주는 것보다 우리가 함께해온 시간을 마무리할 더 좋은 방법을 나로서는 생각할 수 없다. 표현 자체는 하나도 특별할 것이 없다. 변화를 낳는 것은 당신의 마음가짐이다.

하늘에 계신 아버지, 오늘 저는 저 자신을 아버지의 권위 아래 놓습니다. 저의 전부를 아버지께 바칩니다. 아버지께서 아들 예수님의 죽음을 통하여 제게 사랑을 보이셨듯 저도 마음을 변화시키고 의지를 항복함으로써 아버지께 사랑을 보이고 싶습니다. 제 안에 아버지의 뜻이 이루어지기를 원합니다. 모든 것을 바칩니다. 나의 구주 예수님의 이름으로 기도합니다. 아멘.

나오는 말

별 후회 없는 인생을 산다는 것은 가능한 일이다. 후회 없는 삶은 지혜의 길에서 찾을 수 있다. 그래서 헤어지기 전에 당신에게 한 번 더 묻고 싶다.

무엇이 당신에게 지혜로운 길인가?

당신이 겪었던 과거의 경험, 현재의 상황, 미래의 꿈과 희망에 비추어 무엇이 당신에게 지혜로운 길인가?

어느 현자는 그것을 이렇게 표현했다.

"자기의 마음을 믿는 자는 미련한 자요 지혜롭게 행하는 자는 구원을 얻을 자니라"(잠 28:26).

당신도 지혜롭게 행하여 한평생 매일같이 하나님의 구원을 경험하며 살게 되기를 간절히 바란다.

스터디 가이드

스터디 가이드의 질문은 이 책을 쭉 읽어나가는 동안 당신의 묵상을 돕기 위한 것이다. 이를 통해 책에서 최대한 많은 것을 건져 당신의 삶에 적용하라.

그룹이 정기적으로 함께 모여 책을 토의하는 경우라면, 책 전체를 6주에 마칠 수 있도록 구성했다. 책이 총 6부로 되어 있으므로 매주 한 부씩 공부하면 된다.

1부 중요한 질문 | 첫째 주

책의 들어가는 말과 1-7장을 읽는다.

들어가는 말

1 저자에 따르면 우리는 이 소중한 질문을 던져 그 결론대로만 행동했어도 삶에서 가장 후회되는 일을 피할 수 있었을 것이다. 이 약속은 당신에게 특별히 어떠한 매력으로 다가오는가?

1장 · 바보들의 행진

2   지금까지 당신이 보았던 사람들의 지혜롭지 못한 결정의 예는 어떤 것이 있는가?

3   저자에 따르면 인생을 망치기로 실제로 계획하는 사람은 아무도 없지만, 망치지 않기로 계획하는 사람도 별로 없다. 인생을 망치지 않게 해주는 '계획'의 예로 어떤 것들이 있는가?

2장 · 가장 거북한 질문

4   우리는 흔히 어떤 식으로 자신을 속여 지혜롭지 못한 결정을 내리는가? 그렇게 하는 원인은 무엇인가?

3장 · 위험한 비탈길

5   저자는 여기서 에베소서 5장 15-17절에 초점을 맞춘다. 이 짤막한 본문에서 당신이 보기에 가장 중요하고 적절한 가르침은 무엇인가?

6   위의 성경 본문을 바탕으로 당신은 지혜를 어떻게 정의하겠는가? 특히 우리가 삶을 살아가는 방식과 관련해서 답해보라.

7 특정한 행동이나 방침을 저울질할 때 "뭐 잘못된 것 있나?"라고 묻는 것은 어째서 위험한가?

4장 · 문화 기상도

8 저자의 주장대로 우리 주변의 문화는 "도덕적으로 중립적인" 게 아니라 도덕적, 윤리적으로 위험하다. 바울은 그것을 "때가 악하니라"(엡 5:16)라고 표현했다. 당신은 우리가 살고 있는 시대가 정말 그렇다고 확신하는가? 만일 그렇다면 그 확신의 근거는 무엇인가?

9 에베소서의 같은 본문에 바울의 말은 이렇게 이어진다. "그러므로 어리석은 자가 되지 말고 오직 주의 뜻이 무엇인가 이해하라"(5:17). 그렇게 이해하려면 무엇이 필요하다고 보는가? 그것을 어떻게 얻을 수 있는가?

5장 · 방파제 쌓기

10 저자는 "무엇이 지혜로운 길인가?"라는 질문에 "당신의 과거 경험에 비추어"라는 말을 덧붙일 것을 권한다. 당신의 독특한 과거에서 오늘과 내일을 위한 지혜로운 결정에 도움이 될 만한 특별히 중요한 요인들은 무엇인가?

11 "무엇이 지혜로운 길인가?"라는 질문의 답은 과거 경험 때문에 사람마다 어떻게 달라지는가? 예컨대 각자의 과거 경험 때문에 이 사람에게는 지혜로운데 저 사람에게는 지혜롭지 못한 특정한 결정이나 행동이 있는가?

6장 · 계절을 살피는 지혜

12 저자는 또 "무엇이 지혜로운 길인가?"라는 질문에 "내 현재 상황에 비추어"라는 말을 덧붙일 것을 권한다. 지혜로운 결정을 내리고자 할 때 당신이 가장 중요하게 감안해야 할 현재 상황의 요소들은 무엇인가?

13 "계절을 살피는 지혜"의 일례로, 당신의 인생의 한 시절에는 지혜로웠겠지만 다른 시점에는 지혜롭지 못했던 결정이나 행동이 있는가?

7장 · 앞을 내다보며

14 끝으로 우리는 "무엇이 지혜로운 길인가?"라는 질문에 "내 미래의 꿈과 희망에 비추어"라는 말을 덧붙여야 한다. 지혜로운 결정에 영향을 미쳐야 할 잠재적 요인으로서 당신의 가장 중요한 꿈과 희망은 무엇인가?

15 매번 "무엇이 지혜로운 길인가?"라고 묻는 습관을 들인다면 그것이 당신의 삶에 특별히 어떤 가치를 더해주겠는가?

16 이번 장의 끝부분에 저자의 이런 질문이 나온다. "재정적, 관계적, 도덕적, 직업적, 영적으로 당신의 현 상태를 평가해본다. 이 질문을 적용해야 한다면 각 분야에서 어떻게 달라지고 싶은가?" 당신은 이 물음에 각 분야별로 어떻게 답하겠는가?

2부 위험한 대안들 | 둘째 주

책의 8-9장을 읽는다.

8장 · 질문을 외면하다

1 삶에서 결정의 순간에 부딪힐 때 당신은 "무엇이 지혜로운 길인가?"라는 물음을 떠올리기가 얼마나 쉽거나 어려운가? 이것이 평생 동안 당신의 습관으로 굳어질 가능성이 얼마나 있다고 보는가?

2 당신이 지혜의 필요성을 가장 자주 느끼는 상황은 무엇인가?

3 가까운 장래에 당신에게 닥쳐올 크고 작은 결정들 중 특별히 명료하고 지혜롭게 생각하고 싶은 결정은 무엇인가?

4 그동안 당신이 보았던 사람들 중 솔로몬이 잠언에 말한 "어리석은 자"의 초상에 들어맞는 예는 누구인가?

5 그동안 당신이 보았던 사람들 중 솔로몬이 잠언에 말한 "미련한 자"의 초상에 들어맞는 예는 누구인가?

6   그동안 당신이 보았던 사람들 중 솔로몬이 잠언에 말한 "거만한 자" 또는 "조롱하는 자"의 초상에 들어맞는 예는 누구인가?

7   당신이 보기에 이상의 세 가지 각 부류에서 지혜로운 사람과 가장 대비되는 모습은 무엇인가?

9장 • 돌아서라

8   다른 사람의 교정을 받을 때 당신의 전형적 반응은 무엇인가? 그런 교정에 대해 감사하기가 얼마나 쉽거나 어려운가?

9   저자가 초점을 맞추는 잠언 1장 20-33절을 보면 의인화된 지혜가 길거리에서 모든 사람에게 외친다. 지혜가 하는 말 중 당신에게 가장 와닿는 부분은 무엇인가?

10 지혜가 하는 말을 듣기를 거부하는 사람들이 있다. 지혜의 검증된 혜택에도 불구하고 일부 사람들이 지혜를 거부하는 가장 중요한 이유가 무엇이라고 보는가?

11 지혜를 거부하는 사람들에게 뒤따르는 장기적 결과로 그동안 당신이 보았던 증거와 사례는 무엇인가?

12 본문의 마지막 문장에 지혜가 주는 약속이 나온다(33절). 당신의 삶 속에서 이 약속은 특별히 어떤 매력으로 다가오는가?

3부 시간의 문제 | 셋째 주
책의 10-11장을 읽는다.

10장 • 시간 도둑

1 저자에 따르면 우리의 날이 정해져 있음을 아는 것만으로도(시 90:12 참조) 우리는 "지혜의 사람이 되는 쪽으로 장족을 내딛는 것"이다. 왜 그렇다고 보는가? 이로 인해 우리가 시간을 사용하는 방식에 나타날 수 있는 실제적 변화는 무엇인가?

2 저자는 또 "시간은 곧 인생이다"라고 말한다. 이 말에 당신은 얼마나 동의하는가?

3 "특정 활동에 소량의 시간을 장기간 투자하면 누적 가치가 있다." 이 사실을 보여주는 좋은 예는 무엇인가?

4 저자가 제시하는 또 하나의 원리로, 무시에는 누적 효과가 있다. 특정한 일에 시간을 내지 않고 무시하여 점차 부정적 결과가 나타난 예는 무엇인가?

5 우리가 이것저것 급한 일들 때문에 참으로 중요한 일을 너무도 쉽사리 방해받는 예는 무엇인가?

6 저자는 시간 낭비가 곧 인생 낭비라고 말한다. 우리에게 이 진리를 망각하게 하는 요인들은 무엇인가?

11장 • 살면서 배운다

7 저자에 따르면 삶의 참으로 중요한 부분에서 우리는 잃어버린 시간을 만회할 수 없다. 당신은 이 말에 얼마나 동의하는가?

8   삶의 특정 분야에서 잃어버린 시간을 만회하려 해본 예는 무엇인가?

9   우리의 시간 사용에 관해 바울이 에베소서 5장 15–16절에서 한 말을 읽어보라. 이것을 당신 자신의 말로 표현하면 어떻게 되겠는가?

10 건강과 몸 관리 분야에서 당신이 꾸준히 하여 긍정적 결과를 낼 수 있는 한 가지 작은 투자는 무엇인가?

11 관계 면에서 당신이 꾸준히 하여 긍정적 결과를 낼 수 있는 한 가지 작은 투자는 무엇인가?

12 마찬가지로 직장 생활—일터와 직업—에서 당신이 꾸준히 하여 긍정적 결과를 낼 수 있는 한 가지 작은 투자는 무엇인가?

13 끝으로 삶의 영적 분야에서 당신이 꾸준히 하여 긍정적 결과를 낼 수 있는 한 가지 작은 투자는 무엇인가?

4부 도덕성의 문제 | 넷째 주

책의 12-16장을 읽는다.

12장 • 초보자를 위한 섹스

1 저자는 "도덕상의 어리석은 결정으로 인한 후회보다 더 천추의 한이 되는 것은 없다"고 말한다. 당신 자신이나 다른 사람들의 삶에서 실제로 보았던 예는 무엇인가?

2 저자가 지적했듯 성적 유혹을 느낄 때 우리는 자신의 상황과 감정만은 특이하다고 생각하는 경향이 있다. 이런 태도는 왜 사실이 아니며, 왜 그토록 위험한가?

13장 • 백미러에 비친 모습

3 저자는 "우리가 도덕적으로 가장 후회하는 일들에는 언제나 일련의 지혜롭지 못한 선택들이 선행된다"고 말한다. 당신 자신이나 다른 사람들의 삶에서 실제로 보았던 예는 무엇인가?

4 프랭크와 실라의 이야기를 생각해보라. 둘 중 하나나 둘 다에게 당신이 조언해주고 싶은 시점은 언제이며, 뭐라고 말해주겠는가?

5 프랭크와 실라는 정확히 어떤 면에서 지혜롭지 못했는가?

14장 • 인생의 순리

6 성도덕 면에서 흔히 우리의 지혜로운 행동을 방해하는 문화적 압력은 무엇인가?

7 개인적 도덕 기준이 세워져 있으면 그것이 어떤 가치를 발휘하겠는가?

8 특정한 도덕 기준을 평가하는 올바른 기준이 무엇이라고 보는가?

15장 • 극단적 조치

9 저자는 성적인 선을 넘으면 언제나 대가가 따른다고 설명한다. 삶의 다른 분야들보다 성도덕 분야에서 특히 더 그러한 이유는 무엇인가?

10 저자는 한 가지 까다로운 질문을 두 가지 방식으로 던진다. "외도든 성중독이든 당신의 성적인 문란으로 가정이 깨지면 자녀들은 온갖 후유증을 겪어야 한다. 거기서 자녀들을 지켜주기 위해 당신은 어느 극단까지 갈 용의가 있는가?" 다르게 표현하면 "자녀들이 깨어진 가정의 정서적 후유증으로 고통당하지 않도록 당신이 기꺼이 취할 조치는 무엇인가?" 이 두 질문에 당신은 어떻게 답하겠는가?

16장 • 피하라!

11 고린도전서 6장 18절에서 바울이 한 말을 다시 보라. 이 조언의 가치와 위력은 무엇인가? 이것은 왜 지혜로운 가르침인가?

12 같은 구절에 묘사된 성적인 죄의 특이성을 어떻게 설명하겠는가?

13 과거의 성적인 죄에 대해 우리는 어떻게 용서를 찾아 경험할 수 있는가?

14 하나님은 자신이 인간에게 선물로 주신 섹스를 결국 우리가 어떻게 생각하기를 원하시는가?

5부 물어보는 지혜 | 다섯째 주
책의 17-20장을 읽는다.

17장 • 숨바꼭질

1 정서적으로 흥분된 상황은 정확히 어떻게 우리의 지혜로운 결정을 방해하는가?

2 이번 장에 언급된 사실처럼 우리는 지혜로운 결정을 내려야만 하는 상황에서 전문 지식의 한계에 도달한다. 당신은 언제 그런 경험을 해보았는가?

18장 • 무엇을 모르는지 알라

3 당신이 다른 사람들의 조언을 구하여 특별히 유익을 얻었던 경험이 있는가? 있다면 무슨 일이었는가?

4 열왕기상 3장 7–12절을 다시 보라. 저자가 인용하는 이 본문에 하나님과 이스라엘의 새 왕인 솔로몬의 교류가 나와 있다. 여기서 하나님의 마음과 솔로몬의 마음에 대해 알 수 있는 것은 무엇인가?

5 야고보서 1장 5절도 다시 보라. 이 본문에서 권장하는 건강한 태도는 무엇인가?

6 다른 사람들의 조언을 구한다는 주제와 관련하여 이번 장에 잠언의 여러 구절이 인용되었다. 이런 총체적 가르침을 당신 자신의 말로 어떻게 요약하겠는가?

19장 • 내가 내리는 결정이 나만의 문제가 아닌 이유

7 다른 사람들의 조언을 구하거나 받지 못하게 우리를 막는 요인들은 무엇인가?

8 저자의 말대로 우리가 혼자서 '사적인' 결정을 내려도 대개 그 결과는 모두에게 알려진다. 당신은 여태 그런 생각을 해본 적이 있는가? 이것이 어느 정도나 사실이라고 보는가?

9 우리의 사적인 결정이 다른 사람들에게 얼마나 영향을 미치는지를 깨닫는 것이 왜 중요한가?

20장 • 듣고 배우라

10 저자는 "외부의 도움과 조언 없이는 당신의 충만한 잠재력에 절대 도달할 수 없다"고 말한다. 이 말에 동의하는가? 당신 자신의 삶에서 이것이 사실이라고 어느 정도나 확신하는가? 특히 삶의 어느 부분에서 가장 들어맞는가?

6부 인생 최고의 결정 | 여섯째 주

책의 21-22장을 읽는다.

21장 · 확실한 마무리

1 저자가 강조하는 사실처럼 삶의 모든 영역과 분야에는 규칙과 원리와 법칙과 기술이 있으며, 우리는 그것을 알고 지켜야 해당 분야에서 성공할 수 있다. 당신의 직업이나 취미나 기타 수시로 하는 활동에 적용되는 중요한 규칙과 원리는 무엇인가?

22장 · 지혜의 근본

2 결혼생활, 자녀양육, 재정, 우정, 일, 시간 관리 등의 각 분야에서 우리가 알고 지켜야 하는 가장 중요한 규칙과 원리는 무엇이라고 보는가?

3 저자는 인생을 지배하는 가장 중요한 규칙과 원리를 인생의 주인이신 하나님과 연관시킨다. 이 연관성을 인식하는 것이 왜 그토록 중요한가?

4 잠언 9장 10절에 나오는 "지혜의 근본"을 다시 보라. 이 진리는 당신 자신의 삶과 어떤 관계가 있는가? 모든 사람의 삶과는 어떤 관계가 있는가?

5   당신이 보기에 하나님은 실제적으로 어떻게 모든 지혜의 근원이신가?

6   "여호와를 경외한다"는 성경의 문구에서 저자는 경외를 "복종으로 이어지는 인정과 공경"으로 정의한다. 하나님을 경외한다는 말이 당신에게는 어떤 의미인지 자신의 말로 설명해보라.

7   저자는 "항복"도 하나님께 합당한 반응이라고 말한다. 항복이란 구체적으로 어떻게 하는 것인가? 이 개념에 대한 당신의 반응과 응답은 무엇인가?

8   저자는 또 우리의 인간관계에서 "상호 항복"(또는 "상호 복종")이 중요하다고 말한다. 하나님과 서로를 향한 우리의 신뢰가 어떻게 그런 태도로 나타나는가?

9   저자는 로마서 5장 6-8절의 진리, 즉 예수 그리스도의 죽음과 그것이 우리에게 주는 의미를 지적한다. 이것은 당신의 삶에 그리고 당신이 지혜를 추구하는 일에 어떻게 적용되는가?

10 하나님을 믿기보다 하나님께 복종하기가 더 어려운 이유는 무엇인가?

나오는 말

11 저자는 우리의 시선을 잠언 28장 26절로 인도한다. 지혜롭게 살려면 왜 우리 자신을 믿지 말아야 하는가?